Penal Methods of the Middle Ages

中世纪的刑罚
罪犯·女巫·疯子

[美]乔治·伯纳姆·艾夫斯 著　王潇 译

四川人民出版社

尔文

趣物博思 科学智识

中世纪的监狱

中世纪一位女王被囚禁在城堡里的监狱

中世纪的黑奴

中世纪的神明审判：煤炭磨难

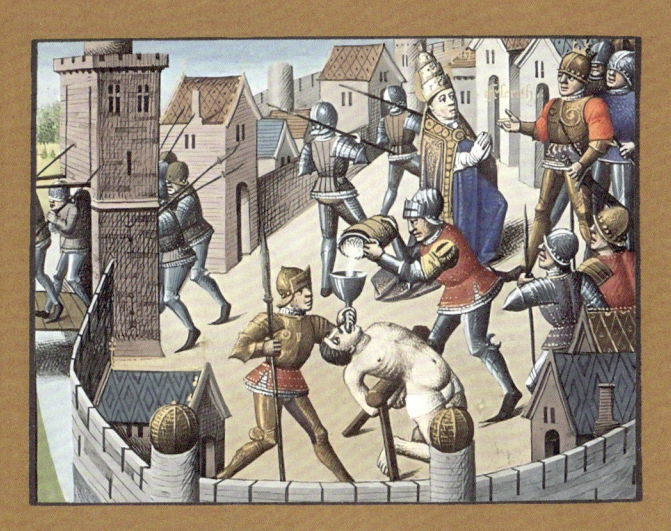

中世纪的水刑

中世纪的司法审判

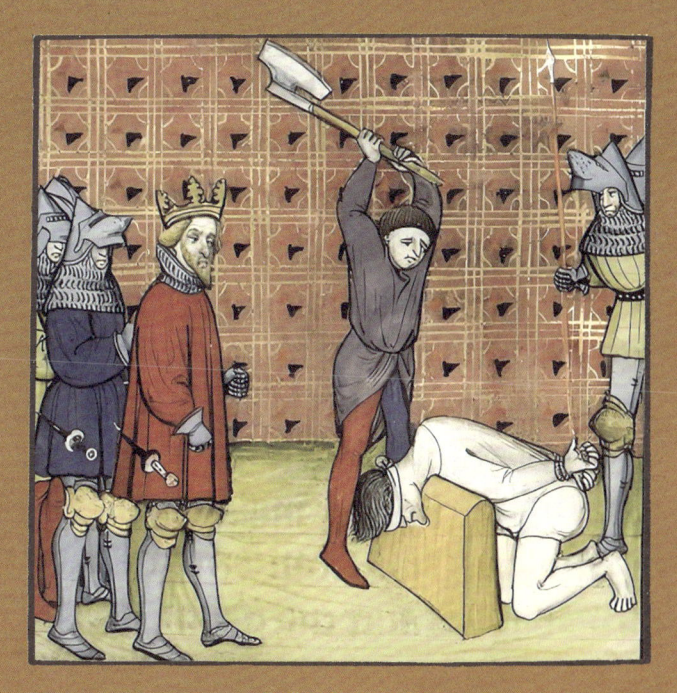

中世纪的刽子手

15 世纪初期的司法决斗

中世纪晚期的死刑处决

16 世纪的司法审讯

16 世纪司法审讯中的刑罚

18 世纪的布莱德维尔监狱

五个女巫的聚会

16 世纪逮捕犯罪的修女

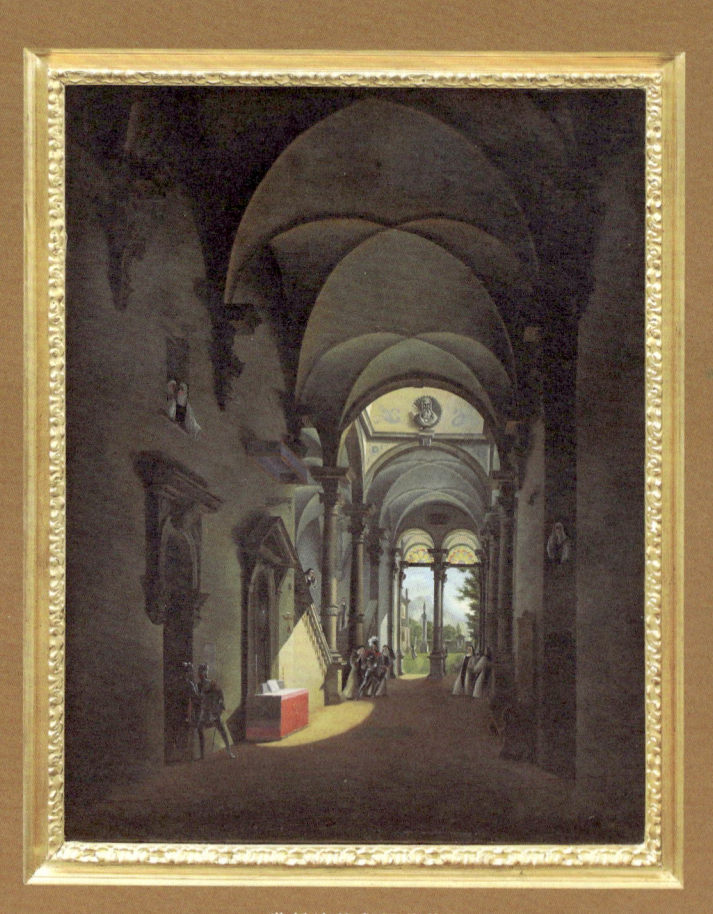

女巫发现者将军马修·霍普金斯与两位女巫

塞勒姆女巫审判 1

塞勒姆女巫审判 2

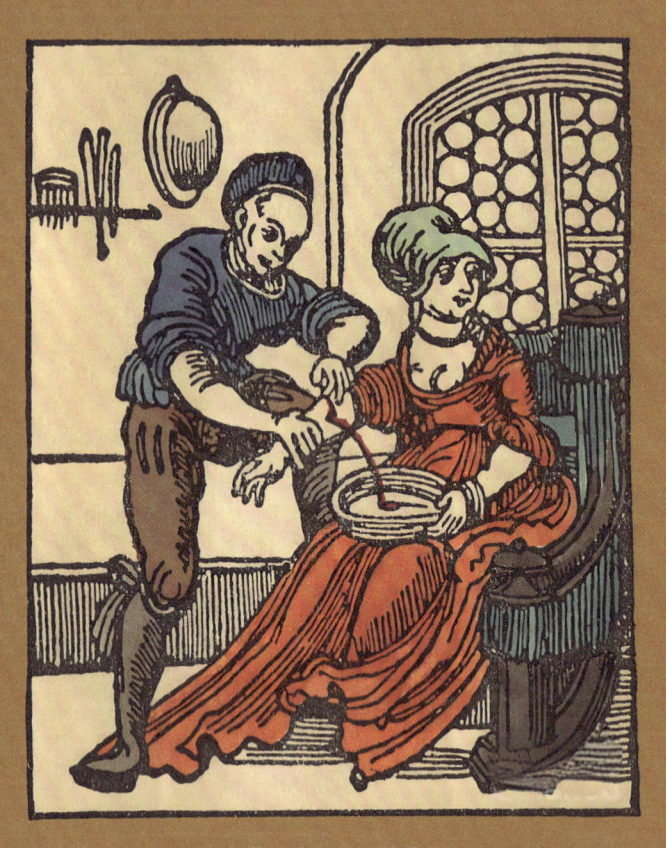

中世纪放血治疗精神病

15 世纪的驱魔仪式

圣芝诺比乌斯的三个奇迹

1590年一位法国女性正在接受驱魔仪式

中世纪英格兰医院

目 录
CONTENTS

第一章

中世纪的刑罚

001—154

第二章

女巫审判

155—210

第三章

疯癫者的治疗

211—269

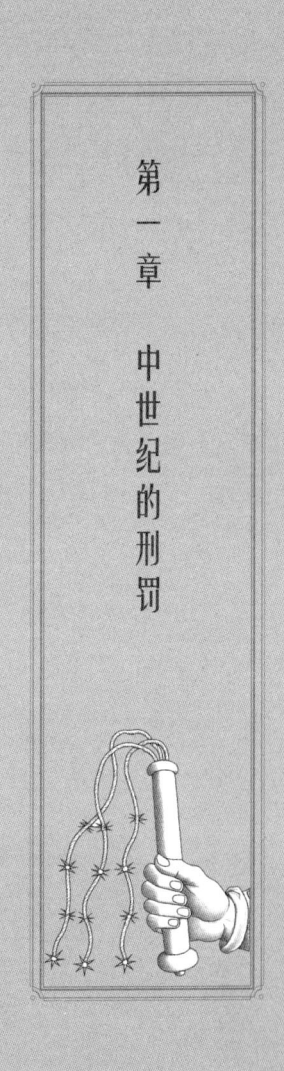

第一章 中世纪的刑罚

布莱德韦尔惩教所

　　这座监狱于 1556 年在前皇宫（Bridewell）内建立，作为惩教所，用于收容流浪者和无家可归的儿童，并惩罚小罪犯和不守规矩的妇女。同时，监狱还设有工作室和医院。后来，它在伦敦大火中大部分被摧毁，不久后重建，最终于 1863 年被拆除。

监狱，是非常古老的拘留机构。

在人类学会建筑方法之后，监狱就已经存在了——在埃及，它由石头建造而成；在美索不达米亚平原，则由砖筑成。那个时候，国王拥有多塔楼式的堡垒、建在峭壁上的巨型公爵城堡，城堡中会设有小牢房和地下城。[1]监狱是因特定条款（这些条款仅仅是在许多世纪之后才被英国采用）接收"普通"犯罪者（有别于国家罪犯或政治罪犯）的地方，[2]然而监禁本身作为一种惩罚[3]手段，一直处于专门的惩罚性和苦难性的法则下。监禁可能被视为本质上具有现代性的机构，但到十九世纪，它也发展至最糟糕的阶段。[4]

那些住在海边和林区的条顿民族，勇猛且自由。但是，根据尼采的理论，自由是无法被授予却会被

第一章 中世纪的刑罚 003

条顿民族子孙赫尔曼和条顿军团战士

《最伟大国家的故事》，1900 年

夺走的。[5]东方的迷信[6]席卷这里之前，他们并没有退缩过；因其四处奔走的游牧生活，一个中央政府是无法将枷锁套在那些凶猛的士兵身上的。

对于挪威民族中那些凶猛的野生族人而言，他们最迫切的需要就是维持和平，因为他们几乎人人备战，[7]男孩更会在十五岁[8]时就收到他们的武器。

以牙还牙的本性在所有人的心中悸动，人们会寻求迅速而血腥的复仇。在亲属关系密切而牢固的地方，这种心理可能会在村庄和族群中传播一种世仇，如此一来，那些特定的孩子可能一出生就开始肩负起家族复仇的使命。

赫尔曼击败瓦里乌斯后凯旋游行

《最伟大国家的故事》，1900年

条顿民族，正如曾经的自由民族一样，总是假定一个人必须受到伤害才能犯罪。[9]他们并不将受害的起诉者视为被恐吓的弱者（否则他就不算数了），而是将其视为一个拥有矛枪和盾牌的好战自由人，这样他将会以牙还牙；如果他被杀死了，那么他的亲戚则会复仇。

条顿人从意大利进入高卢

《最伟大国家的故事》，1900年

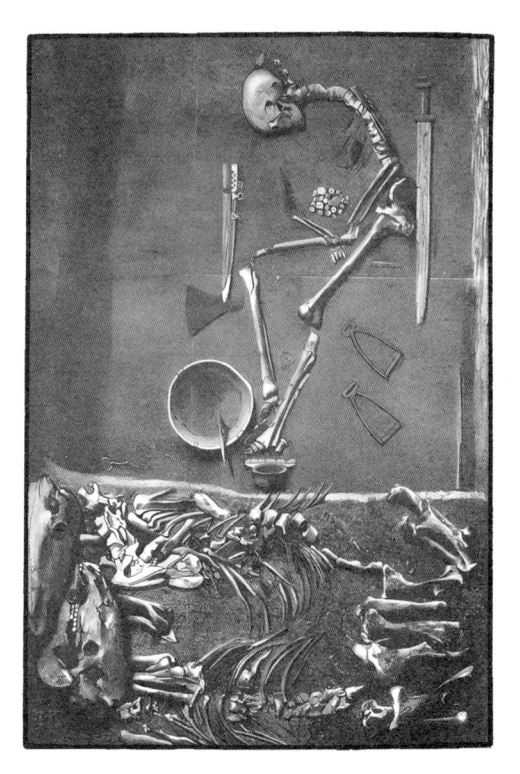

公元早期日耳曼女战士遗骸

比尔卡女战士坟墓，1889 年

因此，对受害群体的安抚[10]是最古老法律的目标。补助则是安抚人的感情[11]和冲动的。一些古老的法典[12]允许受害者以牙还牙；以眼还眼，以牙还牙，就这么寸步不让，但也仅此而已。[13]然而，条顿人的法律允许复仇者向受害者提供赔偿金,[14]在可能的情况下,(法律)会迫使受害者接受赔偿金。[15]因此,(条顿人)的罪通常是由赔偿解决的,而不是处罚。[16]

一个自由人对另一个自由人所能造成的任何伤害,首先都可以通过偿命金(一种支付给受伤之人或是其亲属的金钱补偿)得到赔偿。[17]罚金的多少首先取决于伤害类型和所造成的受伤程度,其次则取决于受害者的身份等级和价值。[18]因为每个人都有自己所属的阶级以及与之相对应的价值;每种侵犯自由人的形式都有根据受害者身份而定的指定罚金。[19]这些侵犯形式大到直接杀死受害者,小到打掉受害者一颗牙,[20]也可能是盗取受害者所拥有的任何东西。

不同部落的罚金不同,[21]但主要原则——补偿——贯穿于所有部落。在麦西亚[i],国王的偿命金被定为7200先令,或者是120麦西亚银镑,[22]国

---

i 中世纪早期英国七国时代的七国之一,位于今英格兰中部。*(*为译注,下同)

王赔偿金还附加了大量付给其人民的等额偿命金。[23]一位领主的偿命金（比如说郡主）是1200先令，而最底层的佃农（劳工）的偿命金也有200先令。[24]

实际上，这些谋杀罪罚金比看上去要重得多。[25]国王的偿命金[26]数量之大，在大多数情况下对个人来说是无法支付的。领主的偿命金，对于中等收入家庭的人来说也是无法支付的；甚至是最底层自由人或劳工的偿命金，也就是200先令，或者说大约4英镑，也并非无足轻重——因为当我们记起盎格鲁-撒克逊埃塞尔斯坦王时代1先令能买一只绵羊，6先令（或30便士）[27]可以买一头公牛——这些数额可能是一个小型畜群的价格。[28]因此偿命金常常得不到支付。[29]这时，我们就可以看出法律中明智的赔偿体系更多地产生于对于仇杀的畏惧，而非人道原则：如

盎格鲁-撒克逊国王埃塞尔斯坦

果他们没有被赔偿，他们就会报复。[30]

如果犯罪者没有被杀害或遭受虐待，[31]如果他没有逃跑，成为法外之徒或是"狼头"（这种情况屡见不鲜，[33]因为就曾有10名法外之徒[34]最终被处以绞刑[35]），他可能会被当作刑事奴隶[36]出售[37]以为处罚。[38]在基督教王国和上至十二世纪的英格兰仍然存在一个奴隶阶层，[39]无助的他们就像"被淹没"的群众一样，在社会中根本无足轻重。

这些奴隶主要来自战争，他们的队伍是由因其罪行而将之出售的人招募的。[40]据说，在饥荒时代，招募罪士的人也会通过售卖自己的方式而沦为奴隶。[41]很多人被当作奴隶运送至海外。[42]我们发现，这样的现象屡禁不止，[43]实际上也证实了它十分盛行。[44]

对于贫穷的奴隶，主人无须畏惧奴隶复仇或报复；他们是撒克逊自由民中没有投票权的少数民族。如果一个奴隶被杀，他的亲属只能得到8先令，[45]而他的主人却可以得到30先令。[46]而这一切似乎都是国家的责任。[47]但是，值得赞誉的是，教会实行了一种忏悔方式——两年的斋戒。[48]对奴隶的其他

中世纪欧洲的奴隶

伤害的处置方式相对温和。[49]但是,我现在必须谈一谈教会法和律令。[50]

主人要为他的奴隶所造成的损害负责,[51]就像为他的牲畜所犯的过错负责一样。[52]对于更严重的罪行,这个奴隶将被移交给受害方的亲属,除非他的主人可能通过赔偿来赎回他。[53]如果在基于控告的情况下,他又在审判中败诉,那么他将立刻被打上烙印;[54]甚至第二次定罪可能会被处以死刑,"除了头部,第二次他不会赔偿任何东西"[55]。

除了对任何一个自由人犯下错误行为的法律或是复仇性处罚,[56] 奴隶是完全受其主人支配的。[57] 如果不允许他用他力所能及的这种小小补偿或赎罪来"赎他的命",那么他的一只腿有可能会被困于铁环并固定在刑柱上,紧随其后的便是来自"三股鞭"的鞭笞。[58] 鞭子是由两端打结的绳子组成的。[59]

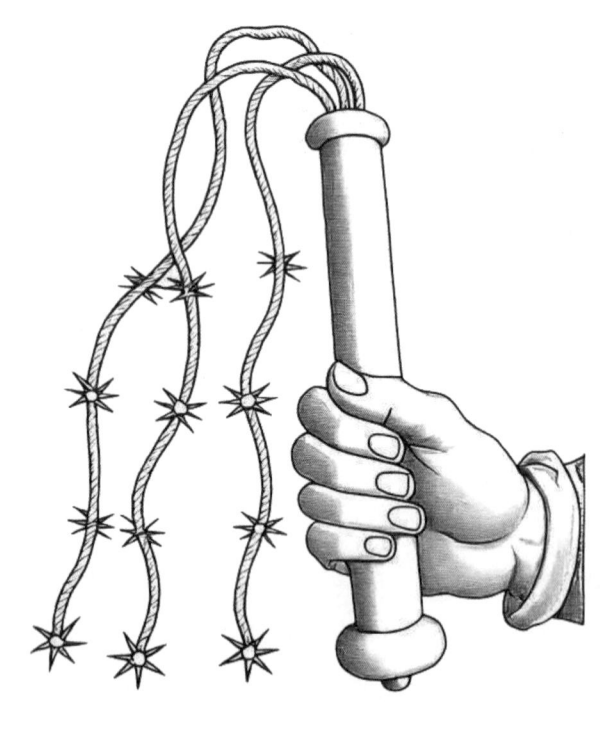

中世纪的三股鞭

中世纪僧侣用三股鞭自我鞭打

如果一个最底层的自由民受刺激而杀人，复仇之人将报复他的六个亲属[60]（基于原则，领主乡绅的价值是最底层自由民的六倍，[61] 参见前文的赎罪金（wer-gilds, *ante*）以及梅特兰的《末日审判书》。如果一个奴隶杀死了他的领主，[62] 他将被折磨至死；[63] 因为复仇是个甜头，[64] 强者会毫不犹豫地接受它。[65]

显而易见，从早期撒克逊社会属性看，详细设计的处罚体系是没有立足之地的。自由人尽可能地用罚金的方式为其犯罪行为赎罪，当他们无法赔偿时,则以奴役、残害身体、剥夺权益或者死亡的方式解决。奴隶可能会被残忍地鞭笞或屠杀,这片土地上甚至没有他们的监狱。[66]村子里只不过拥有一些带有畜棚和牛棚的木头房子,周边有一些粗糙的栅栏围绕,没有公路和通信媒介。尤值一提的是,国王的宫殿也只是一个长长的木质大厅,仅带有一些外围建筑,只因英国人并不修建石头房子,还烧毁了他们罗马先辈们的房子。[67]

据塔西佗记载,条顿人厌恶带围墙的城镇,认为它们是奴隶制的防御和自由的坟墓。弗里西人禁止修建任何超过12英尺高的围墙。[68]随着时间的推移,国王或中央政府的权力越来越大;国王,甚至是一些宗教或世俗性的大领主,都可以随意管辖和擅下命令,至少对他们附近的人来说是这样。[69]王室权力无视这种仇杀,从很早的时期开始,王室就已经要求分享赔偿金,[70]因此,除了支付给受害方的违约金外,还必须支付罚金,或额外的罚款给君主(或领主),因为这扰乱了他的领地安宁。[71]

有时,他(最高统治者)可能为了国家或一个受到不公平待遇的人而复仇。[72]因此,在艾塞斯坦统治时期，一个人可能会因为铸币而丧失他的一只手，且他的这只手会被钉在铸币厂的门上；[73] 在克努特统治时期，一个女性如果犯了通奸罪，那她则会失去自己的鼻子和双耳。

中世纪通奸者被惩罚赤裸游行

在更早的时期，这样的肢体伤害很多时候都是致死的，因为在阿尔弗雷德和古斯鲁姆[ii]法律中，我们可以看到：

> 如果一个罪犯在被剥夺权利的同时已经被割去了一条胳膊，只要他活过第三晚；以

---

ii 东安格利亚的国王，大约公元879—890年在位。*

后凡是愿意照顾他的病痛和灵魂的人,都可以向主教请假来帮助他。[74]

但是,这些残疾的罪犯也被允许逍遥法外,借以警告他人。我们已经看到,在赎罪金没有形成时,对惯犯和奴隶是非常残忍的;肢体残害的野蛮从丹麦国王的话语中或可略见一瞥:

> ……在第二次,如果一个人又犯了罪,那么不再有别的偿命金了(在审判中),他只能被砍掉双手或双脚,或者是根据其罪行,如果他犯下了更大的错,那么就挖掉他的双眼,或割掉他的鼻子和双耳并割掉他的上唇,或削去他的头皮……
> 如此一来,惩罚才得以实施,灵魂才得以保存。[75]

诺曼人威廉曾下令:犯罪者不应该被直接杀死,而是要遭受各种攻击。[76]

他下令:

因此，任何人都不应因任何罪行而被监禁或绞死，但应处以挖去眼睛、砍掉手脚或割去睾丸之刑，以便躯干仍然活着，作为他背叛和邪恶的标志。[77]

中世纪的绞刑

大约在公元10世纪，丹麦人入侵结束之后到诺曼人统治的11世纪，王权强大到足以扩大国王的权力和管辖。[78]到12世纪，旨在补偿受伤的人，并在一个激烈和好战的自由民种族中保持和平的古老偿命金和赎罪金系统，[79]开始让位于国王索要罚金和贡金的国家法律，[80]国王通过巡回法官、司法长官和其他的官员来执行惩罚、收敛贡金。[81]

对地方和人民[82]征收的巨额罚款，成为国王[83]以及拥有私人司法权[84]（领主特权[iii]、庄园法庭[iv85]等）的男爵和庄园领主[86]的重要收入来源，因为他们经常被授予这些权力。[87]

这个国家已经强大到可以复仇了；普通人不再像古代装备精良的撒克逊公民那样令人畏惧，"普通"罪犯的残忍程度从前只适用于奴隶。[88]同样地，在罗马和君士坦丁堡的影响下，格兰维尔和律师们[89]在民事和刑事犯罪之间划出了鲜明且专断的区别，在权力支持下的复仇本能面前，补偿的概念开始减

---

iii 领主审理和裁决有关其财产的法律案件而不诉诸其他法院的权利。*
iv 由总管主持的议事会每年一次，在特定的百户邑、领地或庄园中举行法庭。*

弱。只要有钱，国王的法官们就会把钱没收；[90]对个人造成损害的概念被合并且一度湮没在更大的罪行中[91]，即罪犯触犯和平、法典和国王的罪行。

直到12世纪[92]中期，一些国家还是没有公共的监狱。[93]1166年，亨利二世下令在克拉兰顿的巡回法庭（Assize of Clarendon）建立监狱。根据第七条规章[94]：监狱应该设立在城墙围绕的城镇或是建立在王室城堡内，[95]用的是国王的木材或是其他可以使用的木材。[96]它们显然是轻便的临时建筑[97]——是在城市或城堡的高墙下建造的棚屋。

中世纪城堡内的监狱手稿图

国王坚实的城堡或是更大的修道院几乎不用改变就足以具有监禁性。安茹王朝这些早期的监狱是一些集合站点，或用于安全关押被告的场所。死于1268年的布里顿主教，清楚地描写了那个监狱是禁闭之地，而非惩罚之地。[98]

布里顿主教（13世纪）[99]称：

> 只有那些犯有重罪的人才会被关进监狱，除非有判决结果，否则，任何人在监狱里面都不会受到虐待。

在《公正之镜》（Mirror of Justice）中，我们读到：

> 每间普通的牢房[100]都是一个监狱，只有国王有权占有它；[101]别的监狱都是私人的；要求任何人在审判之前都不得遭受折磨，因此法律宣称，任何人都不得被置于寄生虫和腐蚀物中，或者是任何可怕或危险的地方，或是水里，或是黑暗中，或是任何其他的折磨中；但如果狱警怀疑有人要逃跑，可以用脚镣将其锁住，

只是脚镣的重量不可超过12盎司……[102]

直到下次巡回审判前,囚犯们都被集体关押在监狱中。这可能是一段很长的时间——几个月(甚至现在也是如此)或者是几年[103]——因为国王的判官令人害怕——而那些得不到保释的囚犯们,多数会在法官审判他们之前就已死于穷困和疾病。[104]

同时,囚犯及其家属花掉的费用由他们自己承担;布里顿主教[105]要求狱警不得向穷人勒索任何东西——那些穷人大概也不会有东西可以被勒索——每

中世纪监狱内部

个囚犯的监禁费用不超过4便士。[106]没有人会因为无钱支付而被扣留。这样的法规在爱德华一世的法律中是得到过证实的。实际上,在之后的五百年左右,如果囚犯们有钱,他们可能会吃得很饱,如果他们没有钱,则可能会被饿死。[107]

根据布里顿主教的说法,[108]那些坚持活到开庭的囚犯将会双手自由地被带上法庭,尽管有时脚上戴有镣铐。布里顿主教实际上夸大了描述:[109]

> (他们是)光着脚的,不戴枷锁且不戴帽子,他们只穿着外套,不戴任何铁镣,[110]这样他们就不会因痛苦而失去理智,也不会被迫用武力回答。[111]

但到目前为止,囚犯都还没有受到任何惩罚;惩罚是在定罪后,它是物理性的惩罚,具有相当程度的残暴性。

根据布里顿主教的描述,一个犯有叛国罪的罪犯有可能会被处以绞刑,叛国罪是如此之重,以至于罪犯的亲信也几乎不可能幸免于死罪。[112]针对"普通的"罪犯,刑罚一般是绞刑,[113]而且诺曼国王们乐于施行的残忍肢解惩罚仍在继续。事实上，在1176年以后，他们因许多犯罪行为而变得更加残暴。[114]到亨利三世统治时期，对于在国王森林中偷猎之人的惩罚是死刑或失明。[115]爱德华一世统治时期，强奸罪可能也会被处以挖去双眼和阉割的惩罚。[116]

对于入室盗窃罪，似乎也被处以同样野蛮的刑罚。在一段所谓奇迹的叙述中，我们瞥见了12世纪"正义"的温和方式。一个名为埃里沃德的人被指控犯有入室盗窃罪（实则罪犯是在讨回债务的激怒之下不得已而为之），被监禁于贝德佛德监狱一段时间。[117]在水刑失败并被定罪后，他被带到惯常施刑的惩罚场所，双眼被害失明，身体致残且部分被埋在地下。据说，后来他被坎特伯雷的圣托马斯治愈了。

到爱德华一世统治时期，我们开始接触到监禁的判决——在《威斯敏斯特议会章程》中提到一些处罚是监禁一年后缴纳罚款，或是没有罚款但要被监禁两年。对于类似绑架修女这样的犯罪行为，允许犯罪者免受监禁，又或是针对盗窃公园驯养动物的犯罪行为，除了惯例性罚款外，还可能被判处三

中世纪欧洲水刑

024　中世纪的刑罚

年徒刑。正如我们所见,"正义"的利益受到高度重视;犯罪性罚款对于国王而言(甚至下属的管理者和官员也是一样)是重要的额外经费来源。监狱被用作"压榨机"来敲诈那些犯罪者。皮洛克和梅特兰称:

> 监禁虽说是一个常规性的法则,但实则是对罚款做出的准备性工作。在一年或两年之后,罪犯可能就没有问题了;如果他没有钱,那么他将被扣留更长的时间。在13世纪,国王的法官们运用了广泛的"习惯法"权力,有权命令一个罪犯保持监禁。他们也拥有一种同样宽泛的权力,就是在罪犯向国王交纳罚款之后就释放他们的权力。[118]

亨利三世统治期间——

> 罪犯却几乎不会被送进监狱,甚至连短暂的拘留也不会。[119]在辩诉名单上,将他送进监狱的监管人会立即写上"最终他被记一马克"

（或者不管总额是多少），随后就会出现那些支付罚款获得保释的名单。法官们不希望将他们监禁在监狱里，他们希望让他支付罚款。

作者仅仅想说明罚款大体而言是比较轻的，并举出了一些例子[120]——当然这无疑更多地取决于法官们和统治者。但是无论在哪儿，只要有监狱的地方，就会有罪犯受到一定程度的虐待。[121]这段时期，法庭和行政丑闻仍然持续出现。[122]

黑死病肆虐下的欧洲人民

中世纪欧洲私人监狱

在14世纪,据说许多人已经饥渴致死。[123]另外,还有很多人也在黑死病大流行时(1349年)死于监狱。[124]到15世纪这样的抱怨还在继续;我们在《白皮法典》中(*Liber Albus*)读到:

中世纪欧洲的火刑

028　中世纪的刑罚

然而在此之前，因为许多纽盖特监狱和拉德盖特监狱的狱警们、官员和他们的仆从们做出了太多的误判，已经有人发出强烈抗议……[125]

因此，针对囚犯应该支付的费用制定了新的规则（无疑这些规则也被打破了，就像其他的一样）。

16世纪在人性问题上没有任何进步。[126] 那些合法或非法的酷刑拷问一直以来都是政客已经备好的诡计，1468年以后这样的刑罚拷打仍在继续。[127] 在都铎王朝统治时期，严刑拷打也曾经对逼问招供起到微弱的作用。

那些"普通的"罪犯是被虐待最为严重的；1530年通过了一则法令——所有的投毒者都将被活活煮熟。[128] 对异端、高级和低级的背叛者的处罚则是烧死[129]（比如妻子谋杀丈夫，奴隶谋杀主人或女主人，[130] 还有几项反对硬币的罪），不像烹刑那样，火刑一直到1790年都是合法的。[131]

重型谋杀犯在受绞刑之前会被削去右手，或被吊在铁链上任其生死。[132] 在对一些罪犯的处决中还出现了肢解和分尸罪人的情况，更别说针对普通罪犯的绞刑数量,可谓非常之多。[133] 犯人会因偷运绵羊或诽谤罪而失去自己的双手,[134] 作伪证者以及(有时)那些长期漂泊的人会被打上烙印,等等。[135]

1545年的一幅绘画作品向我们描绘了当时的囚犯们。注意那个修道士的抱怨[136]:

> 我明白了,这也是对犯人的一种恶毒虐待。哦,上帝,他们的住所已经差到像猪圈一般,而他们的食物也腐坏至极,如同狗食。然而,上帝知道,这对他们来说并不足够。你们作君王,作百姓的主,都当思考,你们既禁止人吃饭,就当给他吃人的食物,不可给狗吃的。

他进一步宣称,这些指控比"英国最昂贵的旅馆"的任何指控都要大,同时声明在罪犯庭审开庭之前,他们已经在监狱被监禁了6—7年的时间。

大约在1552年,城市官方人员在布莱德维尔[137]选择了之前的一座宫殿(爱德华六世时指定的)用以(除其他目的之外)监禁、雇佣(根据霍林斯赫德,直到现在也是如此)以及鞭笞乞丐、妓女和各类的夜行者。[138] 随后，同样用以监禁的地方也被称为"布莱德维尔"（该词后被广泛意译为"拘留所"），第一个"布莱德维尔"在布莱克法尔建立之后就已经暗示了这一趋势。

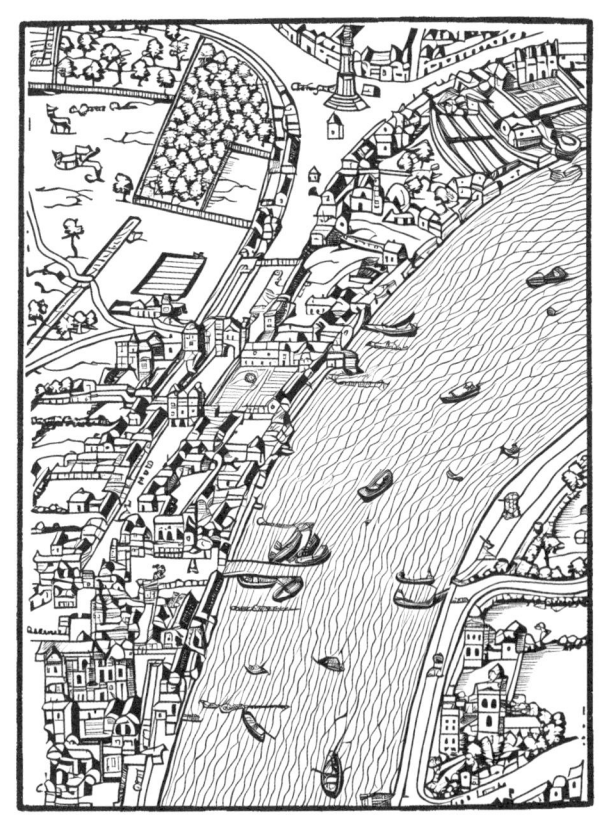

布莱德维尔监狱俯瞰图

布莱德维尔监狱线稿图

1597年，英国上层设计了惩戒所，[139]1609年下令每个郡都要修建惩戒所。[140]实际上，这些惩戒所成为公共监狱的一种形式，且至迟到1865年仍然使用惩戒所之名。[141]继续回到我们对常规监狱的研究：17世纪为我们提供了监狱内部情况相关的普遍证据。像古代的情况一样，狱警们拥有极大的权力；[142]他们总是敲诈囚犯们，有时他们相对友好，但更多数时候态度是极为恶劣的。约翰·布尼安，在他十二年的监禁期间，经允许，可以为他的家庭工作——大部分时间还处于一个尚好的环境里；但是在盖特豪斯监狱，他却被索取了巨额费用。[143]在周日的早上，囚犯们会将各自的收集袋悬挂到窗外。

盖特豪斯监狱

建于1370年，最初是威斯敏斯特教堂门楼中监狱的一部分。沃尔特·罗利爵士于1618年在伦敦塔被处决前夕被囚禁在其中。据信，"石墙不是监狱，铁栏杆不是笼子"这句话是诗人洛夫莱斯于1642年在这里写的。1689年，塞缪尔·佩皮斯（Samuel Pepys）被囚禁在其中。它于1776年被拆除，现在被威斯敏斯特学校的克里米亚战争纪念馆（高柱）占据，该纪念馆矗立在威斯敏斯特大教堂。

第一章　中世纪的刑罚

乔治·佛克斯[144]是一名教友派信徒，他与其监守人及妻子商议，按一定的价格享有食物、饮料、房间和其他住宿服务。但是，他提到他们教派成员中的一位被置于"重罪犯群中的黑暗之谷"[145]，监狱是一个——

肮脏、有毒、发臭的洞，这里是一个……深坑，肮脏污秽布满鞋子……重罪犯们……由于长时间躺在上面，草席也几乎破烂不堪，长满虱子。

1667年确切的证据表明了重罪犯们遭受了何种折磨，这些证据可以推导出查尔斯二世时期的法令。[146]法令指出：

鉴于没有足够的供给提供救济，也不足以提供让贫困者工作和有所需求的人服务于公共监狱的福利，这些重罪犯和其他罪犯很多时候在审判之前就死在了监狱，那些无所事事游手好闲的穷困罪犯开始堕落，并做起了偷窃和淫荡行当……

最理想的设想是囚犯劳动所获得的收益应该作为减刑的依据。但是在监狱里寻找有用的劳动力往往是最困难的事，外面的世界确实很难认识这一点。

18世纪的监狱和之前的监狱大体相同，但是我们可以在约翰·霍华德的巨作《监狱状况》中了解到一个历史性的问题，即一个严肃而认真的清教徒是如何走到既不关心冒险也不敢于冒险的统治阶级的。[147]因为，那些呛鼻的恶臭紧紧附着在衣物上，犯人被深深地幽禁在没有窗户的空间（窗户税），他走向不通风的房间和地窖，下到腐烂、狭窄的院子[148]——假如有的话——这里没有空间或太阳，这里甚至连水的供给几乎也成问题，[149]那里充斥着腐败物，潜伏着可怕的伤寒和监狱热病。

约翰·霍华德（1726—1790）

自从监狱推广以来,这种情况一直存在,有时被证明是疏忽大意的报应[v]。[150] 1522年,在剑桥的城堡巡回审判中,[151]参与审判的许多骑士和乡绅被"囚犯的气味或屋子里的气味"感染了,这一段描述写于1577年《贝克的编年史》中:

> 在牛津的巡回法庭上,某个罗兰德·詹克斯,他是个卖书人,被怀疑对女王说了辱骂无礼之言,当那些法官们饱食之后,忽然闻到一股惊人致命的酸臭味,这个味道不知是源自囚犯们身上的恶臭味还是来自潮湿的地下城;但是所有的出席者,几乎是每个人,都在四十小时之内死去了。[152]

同样的案例也发生在1586年的埃克塞特[vi][153]和1730年的陶顿,在这两地都有大约几百人死亡。

托马斯·艾伦在他的《英国史》中,提到1750年:

---

v 涅墨西斯,是希腊神话中被人格化的冷酷无情的报应女神。*
vi 英国英格兰西南部城市。*

市长大人，一些老年人，两名法官，下面的司法长官，许多的律师和大量的旁观者，都死于监狱瘟热。[154]

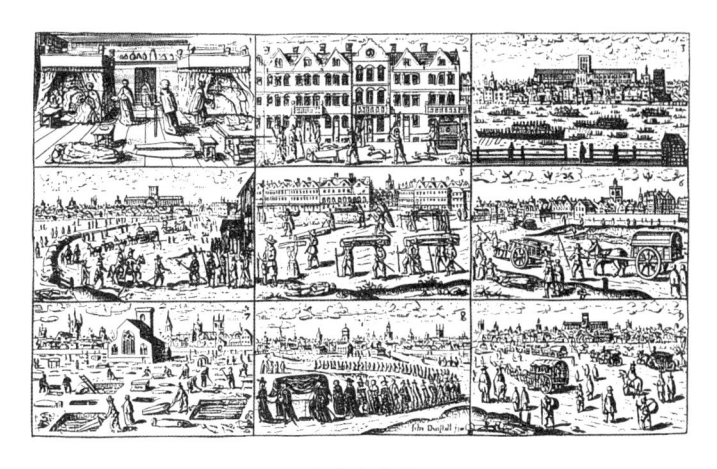

伦敦瘟疫图

之后，监狱就开始被清洁了！霍华德认为，在1773年至1773年，死于监狱热病的人比英国被处决的人还多；[155]在与美国的战争中，我们失去了船舰上的2000名水手（罪犯们经常会有机会选择受惩罚还是戴罪服役）。[156]

他引用了圣·培根的观点，称在黑死病之后最厉害的传染病就是监狱的味道。[157]

男人、女人和各种各样的孩子都被扔进了这些恶臭的洞穴；在那里，如果他们能支付出狱时收取的费用，他们是腐烂或存活，视情况而定，直到他们的监禁期满（通常很短）；或者直到他们最终接受审判，之后他们要么被无罪释放（又是在他们支付费用的时候），要么被定罪、被转移或被处决。[158]

死刑的数量确实是巨大的。从 1688 年开始，它们的数量稳定增长，[159] 很体面的说法归因于"不幸的议会政府的立法"。[160] 那些不会成为议会部长却还想做些事情的人，十分喜欢将犯罪者处以绞刑，或者至少是通过一项法律来创造一种新的死刑罪罚。[161]

由于私人成员的野心和统治阶层普遍的麻木不仁，死罪的数量持续增长，理论上而言，直到它们已经超过两百个。[162] 然而，法律已经过度伸张；当时的人们是那么暴力残忍，以至于他们不会实施规定的惩罚。[163] 因此，在伦敦的那些刽子手仅仅为 25 种罪行提供服务。[164] 但在整个英格兰境内，罪行总共也不超过 30 种。[165]

事实上，一些善良的人是拒绝控告轻度罪行的，他们害怕参与杀人，但绞刑仍然泛滥。

在《时代》[166]杂志上就出现了一个这样的例子——1801年的1月18日——一个叫作安德鲁·布兰宁的人，是一个年仅20岁的不幸的淘气鬼，他闯进一间房子偷走了一把勺子。实际上还有其他人与他一起，但是他们逃走了，只有他被逮捕，被送上法庭。

他的故事仅以两个简短且惯用的词语结束：有罪的——死刑。

人们放任极刑持续清理着监狱里的罪犯们，那些留在监狱里的罪犯也一直被剥削，完全沦为看守、狱警和狱警助理的猎物，所有这些监狱管理者都将他们的职权发挥到极致——这些职权就像是养老金一样被分发或是被购买[167]——用来榨取金钱[168]、赚取工资；[169]那些到达权力顶端的人，因为他们官职的性质，对于目睹罪犯的痛苦遭遇已经习以为常。

狱警们[170]从监狱出现以来一直到18世纪，无论如何，他们都有的是办法从中世纪榨取费用和收费。[171] 有时，他们会使用拇指螺丝和铁帽子，[172] 在法庭上作为证据出示。[173]

囚犯们会被戴上沉重的镣铐，除非他们愿意花钱换取轻一点的镣铐。[174] 囚犯们经常会被绳子或鞭子或任何手持的工具鞭笞，[175] 然而，常见的鞭打工具，是可怕的公牛鞭。[176] 他们会被监禁在潮湿的地下城和黑暗之中；生活有时就与死亡冻结在一起。他们可能会被隔离，或者遭遇极端的饥饿、[177] 监狱瘟热、天花，或者被监护者暴力地杀死。[178]

18 世纪拥挤不堪的监狱

囚犯们被剥夺房间、被压榨食物，他们被销售各种各样的东西，如烈酒、烟草。[179]在这方面，监狱的官员们做起了兴隆的生意。[180]

新到监狱来的囚犯们则被那些狱警的"跟班囚犯"剥削压榨，收取"房租"或是"餐食费"。[181]假如这些剥削没成功的话，他们经常被扒光衣服，这一行为被称为"让黑狗走路"[182]。

在所有这些卑鄙下流的地方，通常没有任何生产。监狱和拘留所最初被认为是让流氓无赖工作的地方。[183]

但当局没有费心去组织，所有的拘留所都人尽其用（如果我们把兼职狱警，或者是在特殊情况下批准征用的那些人除去的话）是不可能的。

1818年发生了这样的事情，[184]在英国的518所监狱中，445所监狱是没有雇用工作人员的，剩下的73所也并没有留下太多的相关描述。这就是过去那些腐坏的古监狱。它们有诸多显著的缺点，但也有人性化和更好的一方面。

尽管老囚徒可能会嘲笑那些被压榨的新来客，尽管监护者残忍、环境肮脏，但在这样的恶魔环境中，仍然会有人做出善举和自我牺牲。即便囚犯被镣铐枷锁束缚，衣衫褴褛，[185]但他们还并没有与外界世界隔离，也没有身着条纹的或斑纹的羞耻制服。[186]

这时的监狱虽说是传染病的温床和腐败的化粪池，[187]但至少它还不像那些建于19世纪恐怖如坟墓的监狱。

1819年的法国皇家监狱

到此为止，我们已经努力探寻了那些被强加于各种年龄"普通"罪犯的一般刑罚，他们往往在当时被控告犯下了更重的罪行。

然而，逃离刑罚的方法也是有的，这些方法足够普遍也足够重要，在此让我们单独对其做出分析。

神明审判

要决定一个被指控的人是有罪的还是清白，从远古时代起人们就已经开始求助于神祇的引导，他们使用了来自四大洲的各种办法。

天平磨难

中世纪欧洲神明审判之一

在中世纪的英国有许多的神明审判。有一种叫神圣面包的神判，假如一个证人在吞咽面包的时候被噎住了，那么他就是一个作伪证者；因为人在恐惧或是情绪激动的时候，其嘴巴和喉咙是极有可能干燥的。还有一种洗礼测验，在这个测验中，被控告的人必须沉入水中两厄里斯[vii]深——大约是7英尺，他的身上会被绳子缠绕。值得注意的是，辛克马尔大主教（在9世纪时）迅速给出了指示去营救那些因此溺水而被宣布无罪的人。[188]

水的磨难

中世纪欧洲神明审判之一

---

vii 一种尺寸度量衡，最初用于腕尺，大约45英寸，合1.143米。*

还有一种用热水试验的神判，清白者被认为能从烧开的液体中捞出一块石头而不致胳膊烫伤。这是一种检验被审判者将手放进一个烧烫的铁手套中而是否烧伤的试验。

一位男士徒手伸进滚烫液体中自证清白

另有一种神判是清白者能够穿过火焰而不被烧伤，还有蒙眼走过九个被烧红的铁犁头而双脚不被烧焦。[189]

一位女士赤脚走过炽热的犁头自证清白

但是，可能最知名的神判应该是逃脱一个灼热的铁环或铁闩。[190]铁环或铁闩一般重量为3磅，而且必须被人拎着——在中世纪，它们总是私人的，而且很漂亮——大约是其脚长的九倍距离。[191]受考验者的手被紧紧束缚，且须独自待上三天。[192]在这些试验的最后，假如受考验者的手干净且伤口没有出现化脓，那么他就是清白无罪的。[193]

无疑，在极度迷信的年代，这些神的审判加上它们庄严的祷告和咒语是十分权威的。但是也并非全部审判都是受信奉行的，至少在之后稍晚的时期是如此，[194]因为即便是那些成功通过试验的人也必须在四十天内离开国土。[195]

然而，大多数遭受了神判的人都是由郡内的十二骑士（他们当时就像一个大陪审团）审讯的，他们遭到了严重的质疑；[196]神判，可以说是没有得到印证。

再者说，很多的资料表明神验和审判经常被篡改，[197]精心准备的仪式给了前者很多机会，[198]至少一个国王曾嘲笑过祭司的无罪释放。[199]

这些神的审判在受到诸多教皇的反对之后，于1215年的第四次拉特兰议会中遭到谴责，到18世纪红衣祭司们都被禁止向罪犯祈祷。[200]在亨利三世统治时期，神的审判于英格兰被取消。随后，陪审团便出现了。[201]

另外一种神判,无疑也是逃避刑罚的又一种方式,那就是决斗。这种极为古老的审判方式[202]是在诺曼人威廉一世统治时期被引入英格兰的。若一个人被控对他人造成了伤害,但犯罪证据既不明显又没有说服力,那么受害者就可以要求通过决斗的方式审判。[203]但是,如果原告已经超过60岁或是带病,[204]或者是他们带有残疾,[205]在这样的情况下受害者可能会选择使用神判。[206]祭司、残疾人和女性这三类人,可能会有选中的代表来替代他们战斗。[207]

中世纪的骑士决斗

骑士使用他们常用的武器进行战斗，[208]平民则使用45英寸长的焊接了形似公羊角铁头的棍棒进行战斗。[209]战斗中他们要脱帽、脱鞋、脱去衣服，直至战斗至死或投降。[210]战斗最开始时双方可使用棍棒，棍棒不行则使用可怕的摔打，尽全力将对方置于死地。如果控告者战败了，那么他就要以诽谤罪的罪名被关进监狱。[211]但是，他不会失去性命或是被切断手足，而会被罚款60先令并被剥夺公民权利。[212]

如果被告屈服了——无论他是骑士还是农民——他都将被处以绞刑或因罪而被割下头颅。[213]但是，如果在战斗中获胜或是防卫到夜晚来临（战斗时间结束），[214]他可能就会离开战斗场被释放。[215]偶尔也会有这样的情况，比如法官希望以其他的原因审判他，那么他就不会被释放。法官们有时的确会这样做。

决斗审判的传统与其他类型的神明裁判，[216]在公元13世纪期间被弃用，[217]不过这些方式仍然在法律中残存了五百年。1818年，这些审判方式再次付诸实施。[218]一个名为亚伯拉罕·桑顿的人，被严重怀疑对一个名为玛丽·阿什福德的女孩施暴并将其谋杀。尽管他在陪审团审判时被判无罪释放，但其在获释后立刻就被女孩的哥哥采取司法控告，后者要求进行决斗审判，但是原告拒绝决斗。很快，国家就通过了"一项废除谋杀罪、叛国罪、刑事重罪和其他罪行上诉的法令……并废除决斗审判"[219]，如此将不会有人再次要求"决斗审判"。

中世纪司法决斗前的开庭现场

另外一个可以规避国家监禁的避难所，乃是圣所的灰色地带，尽管像祷告或是献祭一样。[220]这一避难所自问世以来就存在于全世界，人们会将世有记载的避难所严置于基督教的庇护之下，因为只有基督教影响到了我们的法律。

不可否认，早期的教会在它有权提供庇护的时候就提供了避难所，从君士坦丁统治时期开始，教会就开始提供政治庇护了。[221]392年，狄奥多西一世发布敕令授予庇护的合法权利。[222]公元5世纪时，小狄奥多西又扩展了宗教圣地的边界。[223]然而，许多类型的罪犯在查士丁尼一世时期（483—565）都被禁止接受庇护。[224]

宗教圣所的救赎权[225]在更早的时期似乎就曾经短暂且不太确定地存在过，因为国家的债务人是犹太教徒、异教徒和叛变者、正教信徒的奴隶（异教徒的奴隶和获得自由的异教徒[226]），以及因为犯下更严重罪行的人，他们都是被禁止朝圣的。[227]

但是强大罗马教会的保护，不仅仅是对低级罪犯暂施的一种缓刑。511年，奥尔良议会[228]下令称，那些向教堂或是主教之家寻求庇护的罪犯们不得被拖出教堂。即使是交给主人的奴隶，也不能受主人的伤害。大约一个世纪后，博尼费斯五世教皇（619—625）[229]命令不得放弃任何一个寻求庇护的人。1151年汇编的《格兰西教会法汇编》也体现了同样的意志。教皇英诺森三世，在1200年的信件中写道，[230]只有夜盗、盗贼和在教堂实施暴力的人会被教会庇护放弃。[231]1234年，教皇乔治九世时期再次重申了这样的命令。[232]1261年，坎特伯雷大主教博尼法斯，其宪令[233]明文禁止在食物被带到圣所的路上设置任何障碍——可见自阿尔弗雷德时期起，教会权力激增——任何人在拿走食物后都会受到骚扰并宣誓离开国土。[234]

这位13世纪的大主教实际上暗示了那些被流放的罪犯就是逃到教堂的人，在教堂里他们可以要求受到40天的庇护。[235]教堂是处于监视之下的，因此无人可以逃脱，如果有人逃离，那么教堂就会被罚。在庇护期结束时，被庇护的人必须屈服，[236]但是他们可以在验尸官面前宣誓承认自己的罪行，承诺会离开国家。然后，他们将被指派一条出走之路和目的地港口。[237]国王说：

他们可能会手持木质十字架，同时要光脚、松绑、脱帽，仅仅穿着外套出行。[238]

只要他们仍在前往目的地的路上，不得使任何一个人有生命危险，也不得割断其手足使他们丧命。[239]

但是，他们拥有的任何私人财产都将被无情没收。[240]

14 世纪的死刑处决

15 世纪的死刑处决

在僭主亨利八世统治时期,据说很多罪犯都逃过了这一惩处方式。因此,1530 年[241]再次颁布了法令:那些在圣域寻求庇护的人们不应该离开国家,而是被送到一处享有特权的地方(如果那里的人还没满——在当时没满的意思即不超过20人),在这里他们仍以受庇护者的身份继续接下来的生活;此外,他们也不得不在拇指上打上烙印。[242]

大的圣域包括威斯敏斯特大教堂，另外至少还有30多所著名的修道院，[243]其中就有圣马丁勒格兰德修道院。赫克瑟姆、达拉姆和比尤利等修道院则拥有特许权和豁免权。[244]叛国者、犹太人、异教徒以及那些亵渎神明的罪犯是不被圣域庇护所接纳的，尽管就像在1398年的国家冲突中那样，一个修道院的和平也有可能被打破，或者是像1483年时因逃避而被追捕那样，不过那些在庇护所里的罪犯大多情况下是安全的。一位名叫杰克·卡德[245]的信徒曾违逆国王，他也是在伦敦塔谋杀[246]小王子的成员之一，但此人却在圣马丁的圣域得到了庇护。[247]

前面我们已经提到那些大教堂周围形成了大量逃亡者的聚集地。斯坦利说：

庇护的权力将整个辖区蔓延至一个巨大的亚杜兰洞。据当时的状况，所有在首府贫困潦倒或心怀不满的人们都进到威斯敏斯特。[248]

但是，国家的权力越来越大，教会的主权已经耗尽了。[249]在1483年，亨利七世从英诺森八世那里获得了一则诏书，如果有证据证明罪犯从避难所出来犯罪，就可以把他们从避难所带走。1504年，亨利七世颁布诏书，诏书允许国王将叛国罪嫌疑犯带出圣域。1534年，英王亨利八世称，冒犯国王视作叛国罪，要剥夺那些犯此罪行之人的特权。[250]1535年，受庇护的罪犯们禁止携带武器或是在白天（日出日落之间的时间）走出圣地。[251]1540年，许多圣地已经消失，一些罪行如蓄意谋杀罪、强奸罪、入室盗窃罪和纵火罪已经被排除特权。[252]

亨利八世时期的新教殉道者

斩 首

《英格兰、苏格兰和爱尔兰编年史》，1578年

肢 解

《英格兰、苏格兰和爱尔兰编年史》，1578年

1566年威斯敏斯特大教堂的圣地被拆,[253]无疑,随着修道院的解散,所有其他的一切都结束了。

1604年,关于圣所的旧规和法律都被废止了。[254]1623年这一年,所有的庇护权都被取缔。[255]然而,在当时流行的思想中仍然留存着庇护的想法,1697年,成文法中指出因负债而被拘留者可以被送到"伪特权之地"[256]。1722年,这些地方(如名特、萨福克郡等地)再次被(成文法)提及。[257]同样,在1724年[258]提到了米德尔赛克斯的沃平、斯特普尼——已经是在法律废除了特权庇护的一个多世纪之后。

然而,对于那些拥有良好社会地位和名誉的人们,还有另外一条路去规避正常的法律程序[259](这与国王法庭的审判并不相悖,同时也有其他的局限性),那就是通过正式的免罚宣誓。

我们曾在条顿人社会中见证过——一个奴隶的誓言是没有法律效力的,然而一名领主的宣誓则相当于6名劳工的誓言。因此,国王们和主教们有时可能会仅凭他们的言辞就将诉讼驳回。[260]西哥特人也允许一名因信贷而被控告的人,以此方式解决其诉讼要求。[261]但是这样的诉讼案件遭到教会的谴责，教会认为这样的行为有煽动证人作伪证的倾向。[262]

通常的诉讼程序[263]是被告需要争取到11位或12位辩护人。[264]这些人可以是他的亲人、邻居或同业人，他们可以与被告人一起向法官发誓。[265]

在这些辩护人中，的确经常有人被怀疑作伪证，如果一个品行不好的人找到他的共同证人[266]（如果他找不到证人，一般而言他会被送去接受神明审判），尽管他有证人们提供的证词，他也会被流放。[267]

在13世纪初期，英诺森三世教皇修改了誓言。[268]此后，证人们仅仅就品格发誓，就他们对被告信用的信任发誓。

教会中尤其支持免罚宣誓，[269]甚至会将其称为"宗教净化"[270]。切断他们职业与世俗建立的关系，他们将更信赖他们自己的教友。

教皇利奥三世为了澄清自己的某些罪状，就进行了由12位牧师作为免罚宣誓证人的庄严发誓，查理曼（800）也出席了此次宣誓；[271]803年，皇帝查理曼下令让这些牧师通过宣誓为自己辩护，这一宣誓需要三、五位或是七位免罚宣誓见证者参与。

第一章　中世纪的刑罚　059

12世纪末，免罚宣誓这样的诉讼方式走向衰落，[272]但在英格兰地区，这种方式一直保留到16世纪。在更晚的时代，某些单独的案件还在使用着这种方式。直到1833年，宣誓诉讼法才被正式废止。[273]

教会的统治

基督徒历来是一个排外的群体，起初是出于恐惧，后来是出于狂热。他们将所有违反规则之人逐出教会，不仅切断其与教会团体的联系，而且还要取缔他们的那些仪式，而那些仪式在那些人的信仰中是必要的救赎。教团这种排外的传统，最初在信徒中就是一种可怕的精神武器。随着时代的发展，我们会看到，当基督徒掌握临时权力时，这种精神武器会变成什么样子。在早期，他们是世界中的世界——信念强烈，受到迫害的刺激，组织极其严密。

教会的主教们负责仲裁和裁决教会的事务，[274]同时也负责仲裁不愿面对非信徒法律的个人的民事诉讼。无疑，在后期发展出固定的教会法庭之前，主教们参与其信徒法律事务的审判。[275]从使徒时代开始，他们就痛恨求助于教会以外的法庭。[276]在一系列的会议中，[277]教会甚至禁止向民事权力机构上诉反对基督教法庭的裁决。到迦太基第四次会议的第87任主教时期（398年），天主教徒不得将任何正当或不正当的案件提交给异教法官。

现在，我们将要讨论的是当基督教被定为国教，并且这个宗教开始影响到法律的时代。[278]在君士坦丁一世统治时期，市政官员们有责任将基督教主教们的法令付诸实施，当时这些主教们拥有广泛的司法权力。376年，宗教法庭的地位与帝国地方法官平起平坐。[279]最初，在狄奥多西和查士丁尼的法典中，主教们拥有强大的惩戒权力。查理曼大帝死后，社会陷入暴力和混乱，教会法庭在这一时期牢固地建立起来，几个世纪后，它们的力量逐渐强化。[280]它们拥有自己的规则和法典来判定案件，[281]可以裁定诸多与非信徒无关的事务，诸如什一税、中断契约和出生、婚姻以及遗嘱。[282]

在古代，主教巡视自己的教区是一个惯例。当他进入每个教区时，教区的居民会来拜见主教，主教会在这些居民中选出7名年龄成熟且拥有严肃性格的人。[283] 然后，他们在圣物上宣誓，讲述所有他们知道的，或者是能想象到的，还有关于他们的邻居和他们自己的缺点。主教或他的总执事[284]会调查并传唤可疑的人，叫他们前来接受检查和判决。[285]

查理曼大帝接待教会神职人员

当一个警惕和挑剔的基督教道德家进行这些带有"宗教会议审讯"的审判时，这些审判可能是极具惩罚性的。我们发现，林肯教区一名狂热的主教使他的教区受尽折磨。[286]在惊人且详细的个人审讯下，[287]大量涉及所有等级人群的丑闻被揭发出来。[288]因为此事，这位教皇遭到了亨利三世的审查。[289]

尽管国家和欧洲的法律不再异教化，开始进入基督教化阶段，但教会仍然带着其傲慢诉求与其博学多才的统治者们展开博弈并开始寻求自治。使徒保罗不是说过他们要审判天使吗？[290]圣徒某一天要审判世界吗？[291]之后，君士坦丁一世又在尼西亚宗教会议（325年）上[292]宣称，牧师们由上帝审判，而非由世俗人审判。神职人员由其同僚审判，而蔑视其他的法庭：这些时代充满了暴力，惩罚往往是血腥残暴的，那些在位的议员和法官极其贪婪。[293]即便是在高位，不再有公开的异教徒，也会出现各种各样的异端邪说，这些邪说同样令人憎恶。

因此，教会内开启了一段长时期的论争，其中有许多斗争在不同的国家有局部的胜利，也有失败。在更早的时期，国家是更强势的。格拉提安皇帝[294]（4世纪）的法律几乎全部由世俗法庭执行，很少受到神职人员的干预。506年阿格德会议[295]和随后的517年的爱帕奥内会议[296]规定，虽然神职人员不应以原告的身份向民事机构上诉，[297]但如果被世俗法庭传唤,他们必须出席。581年的梅肯会议[298]中暗示,犯罪案将要被让与教廷处理。同一时期,神职人员被禁止在民事法官面前互相控告。[299]

中世纪的神职人员

对世俗法庭的恐惧和嫉妒仍在持续不退。到第三次奥尔良会议的主教时期(538年),[300]在一名教士作为原告或被告出席法庭时,主教将会被允许进入法庭。到巴黎第五次宗教会议的第四任主教时期(615年),[301]在没有教区长发出的事先通告前,没有法官可以审判任何神职人员;公元769年,查理曼在一个法令集中重申了这样的原则。格里高利大教皇（540—604）[302]就已经主张过这样的原则——一名神职人员的被告人需要由教会法庭进行审判，到7世纪时期，威尔士的主教们建立了这样的原则。[303]

查理曼法令集中授予了主教对神职人员的犯罪审判权，[304]不过，皇帝保留了自己对所有案件的最终决定权。[305]到853年，查理曼之孙——迷信的秃头查理，在苏瓦松会议上呼吁主教们审判一名被控告伪造皇室署名之罪的卑微职员。[306] 866年，[307]教皇尼古拉斯一世在对保加利亚人的建议中声明，非专业人员无权对任何牧师进行审查或判刑，牧师们将由教会的高级教士管理。877年的拉文那宗教会议[308]下令，世俗人员不得逮捕任何处于主教监护下的人员。

这两个体系越走越远。[309]神职人员被禁止参加世俗的传唤，违者将被处以刑罚。1220年，皇帝弗雷德里克二世[310]颁布法令，宣布任何人不得让神职人员出席世俗法庭；任何世俗的法官对神职人员定罪，除了受到精神处罚之外，还将被罢职。[311]皇帝查理四世在 1359 年颁布了类似的法律（查理四世宪章，第 5 条），并以流放和剥夺财产的形式处罚了一名被监禁的神职人员。[312] 在 1418 年，教皇马丁五世确定了这样的原则。1563 年的特伦特全体宗教会议中，[313] 在第 25 次会议中再次宣布了神职人员的豁免权。[314]

拥有豁免权的各等级神职人员

正如我们所见，教会已经被指定为管理所有人信仰和道德的机构。它还宣称并最终获得了掌控所有被指控犯罪的神职人员的权力，[315] 有关极端叛国罪、公路抢劫[316]、故意烧毁房屋[317]、违反森林法（即猎捕国王的驯鹿等）[318]和不轨行为（如轻微罪行）等案例除外。[319]在所有神职人员都要求神职特权的时代，这些不仅包含祭司的圣职[320]（在副主祭之下还有四个较低的圣职[321]），还包括剃头的修道士以及拥有神职人员发型的人。[322]

所有与教会工作相关的人，如诵读者、助手以及看守都可以声称自己是神职人员。[323]因此，那些极其卑微的人们常常以正当或欺诈的方式索要神职。[324]削发仪式的存在以及它的真实性，在犯罪案例中十分重要，因为这种仪式有时会被认为是一种对豁免权的索要行为。[325]有时，被告也会被检察官剃头，为的是消除豁免权。[326]

到1350年，《关于神职人员》法令记载：

> 从今往后，所有类型的神职人员，无论是世俗人员还是宗教人士，凡在此前由世俗法官进行审判任何涉及国王本人或国王陛下以外的人的叛国或重罪罪犯，此后都将自由地享有神圣教会的特权；这样的特权也将交给需要它们的普通人；这样的要求不得被弹劾或延迟。[327]

这就意味着，所有识字的人都将获得豁免权。[328]

一个自称神职人员的人需要接受学术的考察，即阅读一段文字。[329]一般而言，这段文字出自《诗篇》第51篇，被称作他的"颈诗"[330]。随后世俗法庭向主教的代表人说："他像神职人员一样读了吗？"考察者回答"他读了"或是"他没读"。[331]这个人或被主教赦免，或被法官审判，但是在他等待审讯时，其学识[332]被禁止教授给一名被控告之人（他可能会在主教的监狱中待上5—6年，直至法庭审讯开庭——皮洛克和梅特兰，《英国法律史》，第442页）；然而，国外人可能会使用自己国家的语言来阅读书籍，[333]假如其可以阅读拉丁语，也可以要求获得神职。

显然，对于一名被告而言，接受教会法庭的审讯被视作一种特权和优势。[334]他拥有通过教会净化的方式以洗清罪名[335]的各种机会（参见注释中的免罚宣誓）；[336]即便他恰巧被主教或是修道院院长定罪，[337]假如他没有获得必要的辩护者，或者是没有被宣判为"不可净化的"（即不被允许净化自己的）；[338]或者，因为宗教恐惧，他拒绝发誓自己是无辜的；[339] 在这些情况下教会的惩罚一般而言是仁慈的，除非他犯了与异端或巫术相关的极端罪行。

主教们禁止神职人员强行宣判死刑，或是施行损毁身体的刑罚。[340] 约克郡的艾格伯特红衣大主教再次强调了这个禁令，[341] 理查德红衣大主教在1175年写道：

> 我们威胁那些对担任执行官吏或是地方行政官的牧师诅咒的人。[342]

1215年，教会再次提到神职人员禁止血刑审判。[343] 根据托雷多宗教会议[344]发布的敕令，在叛国罪案相关的案例中，他们不作为法官出现，即便是受到统治者的邀请，除非他开始就承诺了免除宗教处罚。在奥赛尔宗教会议中[345]，神职人员禁止参与对囚犯常规的拷问刑罚，也不得在执行鞭笞之刑的过程中逗留。事实上，对于那些被认为是违背了灵魂的重罪行为或思想之外的罪行，教会的惩罚要比中世纪国家更温和。

教会发展受到当时迅疾且血腥的刑罚的阻碍，不得不诉诸其他反对的办法，因而教会逐渐发展出了赎罪性的惩罚。

最初，赎罪惩罚仅仅使用精神武器——拒绝犯罪者进入教会或是参与圣餐仪式，但这些在当时依旧是极其严重的（所有相关方都完全相信），这些刑罚甚至关闭了君主们的永恒之门，有时教会赎罪刑罚能使最强大的人恳求上帝的祭司宽恕。[346]

关于罪行的忏悔，或者说关于定罪，各种各样的任务和劳役都落在了忏悔者身上，有时，它们多变且富于想象力。

因此，假如一个人杀死了他附近的亲族，[347]他将带上惩罚性的枷锁在斯拉维尼亚[viii]准备好接受审判；[348]或者，他会赤裸着长途跋涉，手持拐杖到达他的目的地，目的地可能是一些当地的神殿或者是坎特伯雷的圣托马斯教堂；但也有可能是遥远的圣地——跨越地中海到达康波斯特拉、罗马或是巴勒斯坦。[349]

---

viii 大致等于巴尔干半岛地区，是早期南斯拉夫入侵后定居的地区。*

《圣安东尼的磨难》

传为米开朗基罗少年作品,约 1487 年

普通的忏悔者并不佩戴枷锁。但是通常而言，这样的忏悔者需要缴械徒手朝圣，途中不得食用肉，不得饮烈酒，也不得洗热水澡，更有甚者，他必须完成其宗教裁判所强加于他的奇特且痛苦的任务。[350] 正如，恶魔罗伯特就曾被某位隐士[351]下令，仅仅食用那些用于喂狗的剩饭残羹并被要求装聋作哑表现疯癫。国王埃德加[352]获罪后被要求七年不得佩戴王冠，诸如此类的例子数不胜数。

广泛应用的一种忏悔形式是强制性的忏悔性斋戒，[353]在斋戒期间，罪犯只能靠面包和水维持生计，[354]而且他们受到许多阻碍和限制。[355]如此的忏悔刑期期限可能仅仅为一天，也可能是二十天，甚至更长的时间，忏悔者则将一直保持他的羞愧感和耻辱感，只求通过祈祷寻求解脱。[356]

教会在几个方面准许阶级差异。[357]犯罪者可以根据受害方社会等级处罚，因此，一个谋杀主教的人，忏悔的年限将是12—14年或是更久，他们以面包和水为生；而杀死助祭的人，则将忏悔7年或10年；杀死平信徒之人，则需忏悔4年、5年或7年的处罚。

中世纪欧洲的宗教生活（斋戒和忏悔）

另一方面，人们尤其是教职人员，可能会受到与等级成正比的更严厉的惩罚。[358] 因此，若犯下凶杀罪，一个平信徒将进行4年或5年的忏悔，[359] 一名神职人员则将执行6年的忏悔，祭司10年，主教多至12年（7年时间里仅以面包和水为生）。[360] 这些长期的忏悔听起来是严重的，无疑也是针对虔诚信徒而言的。

但是罗马的教会，一直是一个奇迹般的组织，它对主教们十分宽容，无论是在执行忏悔还是取消忏悔方面，历来如此。

第一章　中世纪的刑罚　073

赫里索斯托姆称：

> 我不要求时间的持续，但是要求灵魂的修正；证明你们的悔悟，证明你们的革新，这就是所有需要你们去做的。

宗教会议[361]的权威可以增加或是减轻罪行。[362]因此，那些体弱多病的人和过于敏感的人可能会被处以缓刑。[363]

但是他们温和地对待强者，[364]比风对于小羊而言更加温和。[365]尽管公元8世纪克洛维斯-胡的卡斯伯特教规规定，[366]富人通常可以代行朝圣之旅（因此而滋生出一个职业朝圣者阶层），富人也可以通过救济和支付酬金的方式来赎罪。[367]安布罗斯曾在4世纪写道：

> 你有钱，可以买通你的罪……主是非卖品，但你自己是可以出售的。愿你因你的功业而赎回你。用你的钱买回你自己。[368]

公元963年，在国王埃德加统治时，这个训词得以被遵循并在教规中给予了尽可能的解释（这一工作可能是由坎特伯雷大主教圣邓斯坦完成的）。[369] 当一个强有力的人被判7年的斋戒之刑，那么他将放下武器，拿上拐杖，穿上羊毛衣或是马尾衣，赤脚前行；同时，他将在3日之内不得睡觉或参加宴会。

他可以带12个人来帮助他，帮助者斋戒3天，只吃面包、生草，喝白水——这样就斋戒了36次。他可以召集7次，每次120个人，让他们斋戒3日——这样他就保证了7×120×3加上36次斋戒，也就是2556次，这就意味着达到7年的斋戒次数（算上闰年）。他的忏悔就这样完成了，或者更确切地说，是逃避了。[370]

但是教会通常不允许它的惩罚被无视；甚至在英国，教会内部存在严苛的反异教的法律规章，[371] 异教徒会被民间武装逮捕并活活烧死。任何一个违背教规的人，任何拒绝忏悔的人，都将被逐出教会，而后他就有可能被逮捕。[372] 在这样的国家，如果罪犯在40天内没有理会教会的处罚，[373] 那么国王法庭会在主教的要求下[374] 颁布一条"世俗大法官发布的敕令"[375]，或者是以同样形式的强制令命令治安官监禁他，直至他完成了教会的诉讼要求。[376]

正如我们所见，统治集团虽然禁止对罪犯施行直接的死刑或是断肢酷刑，但却寻求多种形式的肉刑，为了迫使其忏悔或惩戒而经常对犯人施以鞭刑。[377] 修道院内年轻的修道士，通常要接受39道鞭刑。[378] 但是，主教们保留了诸多更加残酷的惩罚，不像世俗统治者，他们将监禁本身视为一种惩罚。

中世纪的酷刑

中世纪最臭名昭著的酷刑方法之一

天主教会以其修道生活和苦行隐居的理念，寻求通过精神折磨而产生的忏悔，在深墙之内的天主教修道院和幽暗的庭院中，有随时可以囚禁任何人的建筑物。第一批牢房位于教堂和主教的房子周围，被称为"教长区"[379]，然而那些顽固不化的修道士则被自由地囚禁于大的修道院。[380]

中世纪修道院的监狱

尽管如此，教会的处罚[381]一般而言被解释为仁慈的——正如我们当前能够在一些英文的注评中可以看到的——而在某些情况下，它们也可能是无情的，尤其是对异教徒。那些秘密且极端的宗教法庭拥有单独的监狱，[382]在那里，宗教法庭用尽各种方式折磨它的受害者；也是在那里，可能首次发现了因单独监禁而造成的精神伤害，或者说，至少是已经使用了。

早在13世纪，官方当局已经对监狱组织不满。[383]1229年，图卢兹宗教会议下令：转变信仰的异端（即那些因为害怕遭受迫害而公开认错的人，这些人甚至是在认错以后也被判一生监禁的；参见莱亚关于弗雷德里克二世的法律，格里高利九世的诏书等，莱亚的《中世纪教会史》第1卷，第321、484页）不得腐化他人。

为教会和宗教法庭[384]所建立的新监狱，依据命令建有用于单独监禁的小黑屋地牢。1246年，贝济耶宗教会议[385]下令，囚犯们需要被单独关押在秘密的小牢房内，以防任何人互相腐蚀。这被称为"监狱中非同寻常的严密"。

教会[386]的囚犯受制于各种形式的监禁。有一种被称作"高狱"（更严密的监禁之地）的场所，那里分布着各种用于监禁的地方；[387]严密的监狱、杜鲁斯或者埃克图斯都是教会监狱用于将犯人关押在单独牢房所用的场所，犯人在这里仅以面包和水为生；[388]在"最严密的监狱"内，囚犯们携带重型镣铐被关押在地牢。[389]

13世纪将施洗者约翰斩首的刽子手

除此之外，宗教法庭使用了不计其数的酷刑，甚至但丁的想象都难以企及，可见这个可怕的组织有它自己的历史。

在宗教法庭之外，主教们[390]拥有他们自己的监狱，大型的修道院也拥有自己的刑罚牢房，[391]这些地方供教会实行忏悔和刑罚。[392]因此，在1077年的卡诺莎城堡，教皇格里高利七世[393]将反叛的德意志高级教士们分别监禁于单独的牢房，并施以仅食面包和水的斋戒惩罚。

1283年，再次出现一个例子。据说，某个布拉泽·约翰"像狗一样"咬了其修道院长的手指头。

这一事件中，主教下令让那个暴怒的修道院长[394]——将那个布拉泽·约翰佩戴重型镣铐送进监狱，在那里他只能食用面包、淡啤酒、浓汤和少量的肉或鱼（且第6天起停止食用肉和鱼），直至他忏悔完毕。

13世纪，一位名叫亚历山大·德·兰利的人遭遇了更悲惨的命运。[395]这个不幸的家伙是位学识渊博之人，他是修道院长印章的掌管者。也许是由于接近全身瘫痪，或某种其他形式的精神错乱，他进入了一种极度亢奋的状态，正如他们所说的，这可能在一定程度上算是叛变或亵渎神明。严重的鞭笞导致他感官错乱，他因此被束以枷锁送进牢房，直至最终死亡，即便是埋葬后，其尸体仍戴着镣铐。在修道院内，还存在一种单独监禁的可怕刑罚——以"安息"之名著称。莱亚博士称：

> 那些遭受此刑罚的人，在各种痛苦折磨下绝望而死。1350年，图卢兹的大主教呼吁国王约翰出面调停，他发布了一项法令：修道院院长可每月两次探望和安慰犯人，而且犯人也有权每月两次请一位修道士陪伴。但即便是如此微小的改革，也招致了道明会士和方济各修会信徒的抵抗，他们两派求助于教皇克莱芒六世却无济于事。[396]

在教会监狱中的确存在着残酷的虐待行为，这也是监狱总被高墙掩蔽的原因所在。比如说，我们可以在资料中阅读到这样的记载：1283年，一些修士被威斯敏斯特修道院院长逮捕，"并且他们遭到暴打，其中一人甚至因酷刑而死"[397]。

在某些情况下，教会采取了极端的从教团降级的决定，这在很早的时期通常意味着那些被降级的神职人员将会立刻被世俗权威者带走，成为奴隶[398]——此后他们不能复职。更普遍的情况是，他们将被禁闭于修道院。[399]这是主教们更倾向于采取的一种赦免方式，为的却是惩罚他们。[400]然而，英诺森三世（1198—1216）下令，被贬的神职人员应当被交予世俗权力。[401]

但在实际操作中，神职人员往往并不会被彻底开除。[402]开除圣职被视作一种严重的惩罚，[403]这一处罚是各种惩罚中的最后之策，而且实行起来困难重重。[404]甚至是开除一名执事也需要三名主教参与，除去祭司的圣职则必须要六个主教执行，裁定一名主教职位则需要12名高级教士。[405]

神职人员被贬职、逐出教会并沦为世俗者之时，那些血腥的世俗惩罚也随之降临在他们身上。[406]对于那些顽固的或异端的罪犯，教会将撤回所有庇护。

更早的时期,那些罪犯们的前额将被打上印记[407]并被驱逐[408]出教会(正如一次在牛津发生的案例一样,罪犯死于饥寒交迫),或者他们可能被监禁并没收财产。[409]但是,随着激进教派的兴起和增加,教会扼令国王将惩罚发展至极端。

异教徒被烧死在火刑柱上

通行的惯例[410]是将异教徒无情地烧死(有时也会像美国以绞刑处死黑人罪犯一样,参见莱亚《中世纪教会史》第1卷,第219、222、308页)。很快,这样的刑罚就得到正式认可:[411]1197年阿拉贡的佩德罗，1238年德皇弗雷德里克二世发布的《克雷莫纳法令》，1270年法兰西路易九世发布的《确立法案》以及1400年英格兰国王亨利四世[412]都将火刑柱作为对顽固或反复的异教徒的合法惩罚。[413]

然而，引起世俗权力嫉妒和反对的，并非教会的严厉，而是它授予其庇护[414]之人的豁免权促使了国家抨击神职人员的特权，并且随着时间的推移彻底清除了它们。

在撒克逊时期，世俗与宗教的权力紧密地结合在一起，但是诺曼底的威廉一世将教会权力从世俗法庭分割出去，他无疑延续了已经提及过的大陆运动。

亨利二世时期，在一段时期的内战和极具破坏性的劫掠之后，教会已经开始强化自己的地位，扩展自己的司法权[415]并决心重申中央政府的权力。亨利二世察觉到教会与神职人员[416]不受自己的控制，中世纪时期神职群体数量可观，[417]因为许多人在他们的职业中几乎无事可做，还有一些人因教规没有生存之计。[418]因此，国王竭尽全力地置神职人员于其法律之下。

亨利二世国王在托马斯·贝克特的坟墓前被鞭打

1163年发生了一件至关重要的案件。一个布鲁瓦的菲利普（Philip de Blois），[419]他可能是贝德福德的副主教和林肯的牧师，在一起关于误杀的控告中，他曾逃过了个人的惩罚。但是后来，他被西蒙·菲茨·彼——一名国王的法官公开宣判为谋杀犯。基于此事，他激烈地反抗并辱骂了西蒙法官。

约同一时期还存在几起别的案件，包括伍斯特一名神职人员的谋杀和强暴案件，[420]还有另一起索尔兹伯里的谋杀案，[421]犯罪者都避开了牢狱之刑，国王亨利二世对此大为震怒，随即采取了措施。[422]

他声称其代表本人受到了侮辱，因此下令审判布鲁瓦的那个人，除了此事之外，也需要审判他最初犯下的误杀之罪；确切地说，亨利二世希望将其处以绞刑。但是大主教拒绝对已经审判和决定的案件重审，但因辱骂国王的官员，那位反叛的神职人员也遭到了严肃处理。[423]受罚的神职人员在愤怒的法官面前被脱去衣服，受到鞭笞之刑，他丢掉了神职并遭两年无薪流放。[424]

国王并不满意这个处决，他只希望能够将这个牧师处死，从而有力地推进他对神职人员的压制。

1164年，他发布了《克拉兰顿宪章》，通过本宪章，他意图用世俗惩罚制裁犯罪的神职人员。罪犯首先由世俗法庭控告；[425]然后由教会法庭审判、定罪并实行贬职；随后由世俗法庭判决，接受国王的惯例惩罚。但是贝克特大主教和英国贵族声称，若将一名神职人员贬职再交由世俗法官，相当于对同一名罪犯进行了两次处罚。[426]他们引用了一个希伯来预言家[427]的说法："苦难必不再来。"他们仅认可的是，如果一个职员在被贬职后[428]再次犯了罪，他可以被当作非信徒移交世俗法庭审判。[429]

托马斯大主教之死，打断了亨利二世关于教会所有的计划：

> 世俗法庭坚持要求神职罪犯由世俗法庭审判，他们放弃了对贬职的神职人员进行处罚的要求。[430]

13世纪，神职人员[431]在要求教会出面之前须首先由世俗法庭控告和审讯，这成为一种惯例。[432]到亨利六世统治时期（1422—1461），神职罪犯必须首先由世俗法庭定罪[433]再移交给他的主教。[434]

1261年,博尼法斯大主教[435]下令:那些由主教监护的重罪神职人员应该施行永久监禁。1275年,爱德华一世专门下令:没有完成净化的任何神职人员都不得解除监禁。[436]1276年,[437]犯"重婚罪"的人或者是与寡妇成婚者[438]被尊重,不得要求教会出面。[439]1279年,佩卡姆大主教在其宪章中颁布:

> 对于那些因犯罪入狱并移交给教会判罪的神职人员,不得轻易地模糊处理,也不得通过太过轻微的借口使其得到净化,但要以法律的严肃性和审慎的考虑,以免冒犯国王陛下或任何尊重公平的人。[440]

1350年,一部《关于神职人员》的成文法向世人发布。[441]许多人曾被世俗法庭逮捕,这个法令的颁布再次肯定了教会的特权,法令规定犯罪的神职人员需要移交教会法庭。[442]尽管承认了它,但国王要求,神职犯罪者应该接受安全的监禁和适当的处罚,"这样,神职人员就不敢因为不改正错误而犯法"。因此，坎特伯雷的大主教西蒙·艾斯利普在国王的催促下，也可能是害怕其他的法律，试图强化对教会囚犯的惩罚。他抱怨道：

> 罪犯们太愚昧了，他们喜欢将自己送入监狱。监狱中的食物如此美味，因此，监狱作为对他们罪行的惩罚，却成为一种美食的安慰。他们因这样舒适的环境和诱惑而纵容自己的恶习，并且他们还将逃出监狱视为一种对自己的伤害……
>
> 一些臭名昭著的罪犯，他们着实完全没有正当的理由，其赎罪净化却很容易就得到认可，每个被世俗法官释放的神职人员当然都希望通过某种方式重回他以前堕落的生活……
>
> 因此，我们认为有必要就被监禁的神职人员颁布法令[443]……根据他们的个人素质和罪行的严重程度，他们将在一切适度的监护和考察之下接受严密监禁，以免他们因教会的丑闻而从一种意图作为惩罚的囚禁后回到以前的生活方式。

在星期三、星期五和安息日犯下重罪的神职人员将仅以面包和水为生；在其他日期犯下罪行的人可以食用面包、饮用少量啤酒——

但是在主日犯罪的，则可以有面包、啤酒和豆子，这是为了那一天的荣耀与庄严。他们不得接受来自熟人和朋友的捐赠或救济，或者是以任何借口和理由给他们任何东西或金钱；也不得允许他们任何形式的净化。

这些由大主教颁布的严苛条例[444]由所有高级教士重复声明，类似于刑罚体系一样，在19世纪时达到了其最严苛的阶段。

我们似乎有充分的理由相信，总体而言，教会对待其囚犯的惩治仍是温和且人性化的。教会并非残酷无情的监狱官员，他们的职业是精神性的而非军事性的。他们基本上只管理属于自己团体内部的人，且倾向于阶层忠诚。[445]

鉴于随后的批判和立法，[446]似乎可以看出即便是在艾斯利普的法令之后，教会的罪犯也比普通

18世纪西班牙宗教裁判所的监狱

监狱内部，一名牧师监督他的抄写员，而男人和女人则被悬挂在滑轮上，在架子上受折磨或被火炬烫烧。

监狱中的世俗罪犯得到的待遇更好。也许是从人性关怀出发，[447] 或是因为主教不愿支付监禁囚犯的花费，[448] 也许两者都有，教会避免了长期监禁，终身监禁也几乎不可能付诸实施；囚犯们会在大赦年和特殊场合得到赦免[449]，有时也会在其友人支付赎金后得到释放（据说赎金的数额是20英镑或40英镑，参见莱亚《教会史研究》，第202页以及成文法的亨利八世23.1）。

从 13 世纪起，国家一直表现严苛，习惯于将神职人员交给他们的主教施行"不被净化"的惩罚，至少在理论上而言，"不被净化"者将成为活囚。的确，如果教长试图释放这些人，那么来自大法官的法令将会限制他这样的做法。[450]

早在 1238 年，埃克塞特的主教[451]就因为把某个神职人员送去净化而惹上了麻烦。随后，圣奥尔本斯的修道院院长[452]被指控允许了一些囚犯逃跑；无疑，还有其他相似的案例。但是很显然，主教的囚犯们频繁地被释放，因为我们注意到 1402 年通过了一条特别的法令[453]：禁止犯有叛国罪的神职人员（比密谋反对国王程度较轻的罪行）、出了名的惯犯盗贼，被允许进行任何形式的净化。

1485 年教会通过的一项法令[454]规定：主教可以将犯强奸罪、乱伦罪、近亲结婚罪或者犯下其他任何身体失禁罪的神父、牧师和宗教人士送进监狱，而且他们不必为非法监禁的行为而负责。

1487 年，教会颁布了一项针对豁免权的重令。根据这项法令，[455]文员（比如那些识字的人，但实际上并不在教会体制内）只能享受一次特权；为了

1450年前后的法警和死刑陪伴者

1478年西班牙教会进行的宗教审判

保证他们不再是"不断地承认自己犯了错",法令规定不在教会体制内的文员若犯下谋杀罪的话,在移交给法官之前,应当立即由狱卒在公开法庭上于其左手拇指烙上[456]字母 M;那些犯下盗窃罪的文员们[457]则会被烙上字母 T。

一名被任命的牧师可以再一次向他的教会申诉,但是如果他可以向其教会索要第二次特权,那么他手中需要有神职授职书,或是来自最近主教那里的同等证据(他有一天获取证据或证书的延迟期限),但如果他没有按时得到证书,那么他要放弃所有教会的特权。[458]

1496 年,世俗文员犯下谋杀领主、主人或是最高统治者的罪行,他们被立刻革除文职;在随后的第四年,更多的例外出现了,那些在教会或是国王领地里犯下重罪,又或是在自己家中杀人的神职人员(实际上其中有些人并不属于教会体制内成员)会被革除职位。[459]

我们已经看出一名神职人员,尤其是一名牧师,被降级革职是多么困难。为了纠正这种情况,1528 年,红衣主教沃尔西、约克大主教,从教皇克莱芒七世那里获得了一份（针对英格兰的）诏书，[460]这份诏书规定：一名主教可以单独在两个修道院长或其他高级修士协助下，主持仪式。[461]

1531年，亨利八世的法令影射了爱德华一世的宗教法庭告诫书（1275年发布），其大体意思是没有接受严格净化的教会囚犯不得出狱。但亨利八世却发现，他们很容易就被释放了。因此，他引用了亨利四世的法令（1402），下令臭名昭著的罪犯不得被净化，然而教区长却仍在迅速且潦草地释放罪犯，或是"因腐化和利益"，又或是因为教会绝不会同意看管囚犯。

之后，法律开始继续从之前提及的各种小叛国罪中剥夺神职人员的特权，还通过纵火罪剥夺所有文员的特权——然而副执事和他们之上的教职却仍然排除在外。处于教会体制之内的神职人员，将因这些罪行而被终身监禁。

到1551年，托伦多宗教会议第十三次会议发布第四教规，下令在多名带了法帽的修士，或是如果没有他们，但有多名高级教士协助的情况下，就像旧体系下是多名主教参与的，一名主教或是副主教可以谴责或是贬黜犯罪的神职人员。除非，他们能凑齐证明品行良好的保证金——被告可以得到 40 英镑的保证金，外加两份每人 20 英镑的大额保证金。

这项法令同样是为了减轻主教们维持囚犯生活的负担，主教们被授予了对犯罪神职人员的贬职权并负责将其"妥善保管好交给王室法庭"，同时出具他们贬职的证明书——现在已经非常容易了——国王的法官将据此给出宣判（通常是死刑），如果在其被控告期间，他们已经是世俗之人或是没有任何神职的人，这种宣判就像宣判犯罪之人一样。

这还并非全部，在同一年（1531 年）通过的一条法令[462]规定：从主教监狱逃跑的神职人员将被判重罪。而那些处于教会体制内的神职人员则被送进教会的监狱，终身监禁不得释放。1533 年[463]所有拒绝认罪的人和挑衅二十名陪审员的人，都被剥夺了神职。1536 年[464]教团内的神职人员，应与其他职员处于同等地位，但是这个法律仅仅维持了大概十年。

当时的一系列法令开始剥夺神职人员的豁免权，除了某些特殊罪行可以得到宽恕。[465]

16世纪西班牙宗教裁判所在荷兰施以的酷刑

1550年前后的自由法官

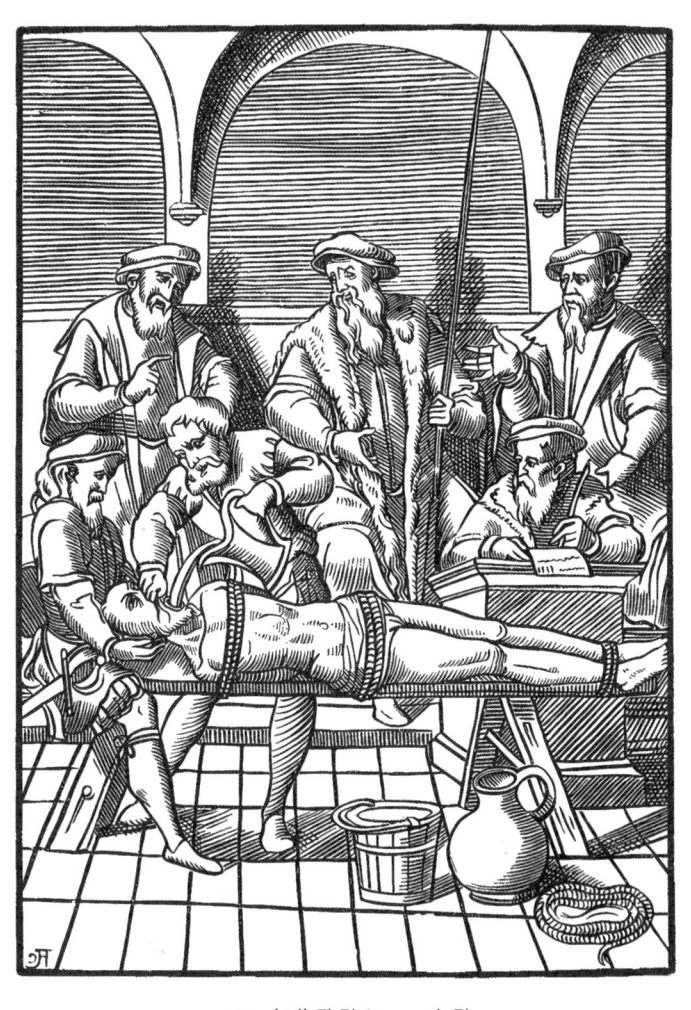

1556年的酷刑之一：水刑

从 1576 年开始，犯罪的神职人员不再被交于主教进行净化。[466] 对于所有的"有文化的"重罪犯，国会缙绅[467]（即便他们不识字）和那些处于教会体制内的神职人员会被立即释放。其余识字的人会因为初犯而被革职并打上烙印，但法庭也可能下令将其监禁不超过一年；那些不识字的囚犯则很快就被处以绞刑。[468]

随着神职人员的特权逐渐贬值，其不再享受的特权范围也扩大了：1547 年，非特权范围扩展至重婚罪；1692 年，又扩展至修女阶层[469]（职业修女一直居于教会的管辖下）。对于修女的定罪，将采取像同样案件中针对男性所采取的方法，也就是说在手上打上烙印，然后立刻或者是在不超过一年的监禁后将其释放。

1699 年[470]下令烙印应该打在脸上，但是这一残忍的标志是为了防止罪犯获得雇佣，同时表明他们是极为危险的人，但该法令在安妮女王统治后的第 6 年被废止。[471]

1705 年，阅读测试被取缔。区别在于罪行而非罪犯，[472]所有那些被接纳为"神职"的人如果曾犯下任何一种这类轻微重罪，将仍然可以享有神职特权。[473]1705年的法令也下令这样的犯罪者应该被送到教改所或是公共作坊，期限是六个月到两年之间，具体期限由地方法官裁断。

1717年[474]下令那些犯下神职内罪行的人（贵族或教团职员除外）将被流放7年之久[475]（通常宣判的是14年），而不是再打上烙印或是施以鞭刑。[476]

1779年[477]那些本应该接受烧手之刑的人可能通过缴纳罚款的方式躲过刑罚，或者说他们可能会公开或私密地接受不超过三次的鞭笞；修女将在女性面前遭到鞭打。到这个法令发出时，实际上的烙印之刑已经被废除；一个半世纪后，在格里高利四世统治时期，所有的旧有特权得以废除。[478]

多年来，人们针对给予神职的各种特权的谴责已经习以为常，因为神职人员的特权已经触犯了对"人人在法律面前平等"的原则。[479]但是，当我们意识到他们所阻止的残暴时，并且在我们研究查明了那些纯粹惩罚背后的盲目性和无用性时，我们可能就会更加倾向于理解他们并非纯粹的恶魔，而有可能的是，他们更多的是为了做善事。

总结以及"诗意的"惩罚

由于可怜的人类身体总是敏感脆弱的,因此在复仇本性的刺激下,人类自身总是最易遭到攻击。

在亨利四世那最微妙的第二法令中,格洛斯特伯爵惊呼道:

> 在你们的城市,难道没有执事和被称作鞭子的东西吗?

当然他们是有的。

农奴、无赖、无业游民、疯子(精神病患者)和那些无足轻重的罪犯都曾受到过无法确知严重程度的鞭笞。[480] 极有可能的是,鞭打一直持续到罪犯流血,直到执行者疲惫并感觉到他赚到钱为止。

无疑,各种类型、各种大小的鞭子应有尽有。通常,它们有三股鞭梢。[481] 提图斯·奥茨[ix]就被一条带有六股鞭梢的鞭子抽打。[482]

---

ix 英格兰的牧师,制造了"天主教阴谋案",刺杀国王查尔斯二世的密谋者、嫌疑人。*

我已经目睹且使用过运输时代使用的鞭子,那是一种由一条用铁丝捆扎的厚皮皮鞭。[483] 九尾鞭是在 18 世纪时被提到的一种刑具。[484]

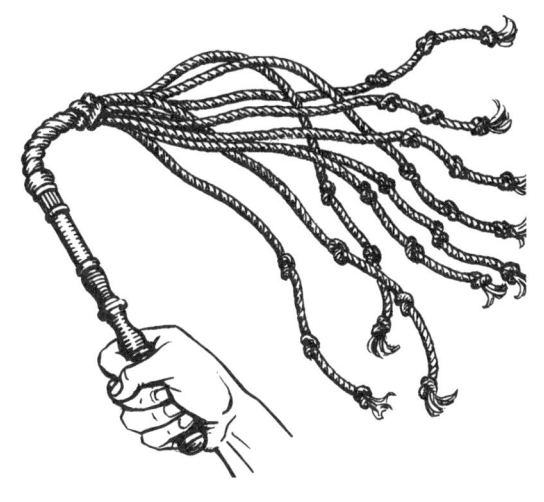

中世纪的九尾鞭

无论是男性还是女性[485](后者直至 1817 年[486]),都要在公众面前遭受鞭笞,他们被绑在柱子上或是被绑在马车后面,被沿街鞭打。伴随鞭笞罪犯而来的最平常的事情就是将其公之于众。相比现在开明的时代,当时的这个国家要狭隘得多,在一个村庄或是邻里之间名声败坏,并非一种微不足道的惩

一名女性被公开处以鞭刑

罚，因此我们发现一些城镇和乡村设有绞死犯人的木桩。[487]对于更严重的罪行，还有高大的颈柱或颈套。

这种广为人知的工具[488]有各种形状和不同尺寸，或是一个分两块的桩，或是一根狭长的柱子，[489]又或是看似一个可以夹住几名囚犯的刑罚鸽舍。[490]罪犯有时颈部以下都被绑在球状笼子里，路上可能伴有游吟诗人。[491]他们的头发和胡须被刮掉，有时罪犯的耳朵会被钉在木架上，可能也会被打上烙印。[492]他们的脸穿过粗壮的横梁，手穿过两个小洞，两者被牢牢固定，可怜无助的他们站在众人面前，像任何子弹都可能投射的靶子一样。对于那些厌恶这种行为的人而言，这无疑是一种严苛的折磨，因为他们将被暴民重击投掷，即便不是遭打致死，也是遭到重伤。

最终，那些经受住时间考验的人被释放了；那些耳朵被钉住的人将会被释放，之后他们可能会从这羞辱的场合溜走，或者被带回监狱忍受附加的惩罚。1816年，除了作伪证和贿赂罪之外，所有的罪行都废除了颈柱之刑。[493]1837年，所有罪行全部废除颈柱之刑。[494]

绞　刑　　　　　　　　木桩刑

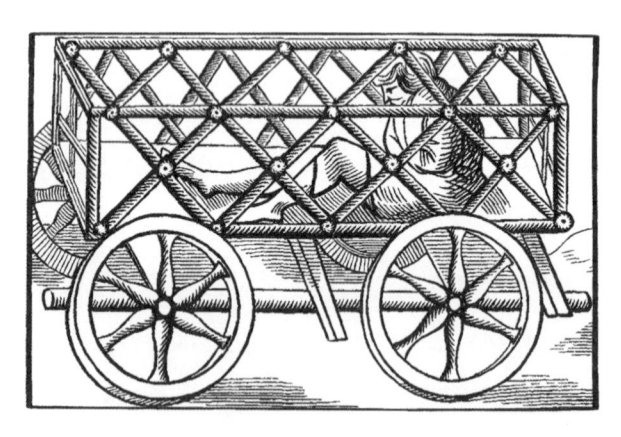

铁笼刑

106　中世纪的刑罚

铁圣女酷刑

铁圣女酷刑的早期形式

第一章 中世纪的刑罚 107

中世纪结束前，我们必须考量那些我将之划归为"诗意的"惩罚。这些惩罚是社会群体试图以相同的方式报复罪犯的自发性行为，如果说严格意义上的报复很少实现，我们的祖先也成功地创造了很多惩罚，那些惩罚总体而言是相关联的等价物。

这其中有些例子，比如说，一名卖面包的烘焙师缺斤少两的话，将会在其脖子上系挂面包示众。[495]鱼贩子贩卖烂鱼的话，将在肩膀上挂一项圈臭鱼游行示众。[496]杂货商售卖残次品的话将被置于颈柱上，同时将那些粉末在其鼻子底下焚烧（1395年）。[497]一名拥护纯犹太教的异教徒将被判罪入狱，并完全以猪肉喂食。[498]对于作伪证者，宗教法庭会将两块红色舌头形状的布贴在他的胸前，再贴两块在他的肩膀上且必须终生佩戴。[499]

事实上，徽章和十字架在这个时候经常被使用，这在当时对于罪犯来说是一个致命的标志。[500]1505年，红衣主教下令两人在左肩上戴一捆柴火（或是代表柴火的徽章），以此表明他们正处于烈焰的危险中。[501]事实证明的确如此，因为在1511年，他们被活活烧死。

中世纪罪犯被戴上面具游街示众

路易九世下令，应该将那些讲话下流之人的舌头穿孔并割下他们的上嘴唇。[502] 教皇英诺森四世强烈反对国王的这一酷刑。

割舌，在英格兰是对亵渎神明之罪的著名刑罚。1656年，某位詹姆斯·内勒——"狂热的贵格会教徒"，因宣称自己是弥赛亚而遭舌头被热铁穿孔的刑罚。[503] 同时，他还在马车尾遭到鞭笞并受到两年的监禁。

酒鬼有时会被置于一个酒桶中，头置于顶端，双手通过两个小洞置于桶两边。[504]

对于乡村的辱骂者[505]的刑罚，一个铁柄，有时包括一个平的（对于那些不幸的女巫[506]有时是一个

第一章 中世纪的刑罚

尖的）塞子会被放入他们嘴里，然后将舌头按下去。他们可能也会被捆在当地的浸刑椅[507]上，浸入水中。

关于原始刑罚[508]明显的个人性的一个鲜明实例，[509]有时表现在——控诉人自己不得不处决攻击他的罪犯，"或者和罪犯一起待在监狱里，直到他履行这一职责，否则他将被处以绞刑"[510]。

中世纪欧洲惩罚污言秽语者和酒鬼

中世纪英格兰被认定为女巫者正在接受审判

中世纪的吊刑和其他酷刑

【注释】

1 "在早期的泥板文书中……监狱的标志是由'房子'和'黑暗'组合而成的。"出自 Isaac Taylor, *History of the Alphabet*, London, 1899, p. 21.

2 据说监禁在盎格鲁-萨克逊法律中并没有作为一种处罚被提及;但是,在埃塞尔斯坦(Aethelstan)国王时期的法律中是这样提到的:"因为谋杀使一个人失去了他的妻子,如果他否认这个事实并表现出比痛苦多三倍的愧疚,那么就让他监禁 120 个夜晚;之后,他的亲戚将他(从监狱)带出并付给国王 120 先令,付给其亲戚其血缘(blood)的价格……"参见 J. Johnson, *Ecclesiastical Laws*, London, 1720。埃塞尔斯坦国王规定:"如果一个盗贼被带进监狱他会被监禁 40 天,随后,他可以用 120 先令保释,他的亲戚要为他做保证(borh),如此他将更早地停止监禁。"参见 B. Thorpe, *Ancient Laws and Institutions of England*, fol. Ed, London, 1840, p. 85.

3 "在亨利三世统治时期,监禁作为一个清晰的时期是不为人知的处罚。"(G. J. Turner, *Select Pleas of the Forest*, London, 1901, p. 65.)

4 "监禁在盎格鲁-萨克逊法律中仅仅作为一种临时安保的方式。"(Pollock and Maitland, *The History of English Law Before the Time of Edward I*, vol. 1, Cambridge, 1895, p. 26.)

5 "在最古老时代的撒克逊人的本质中,并不存在最高者和神圣的国王这样的概念,也没有任何对尘世国王的至高崇敬……"(W. Stubbs, *The Constitutional History of England, in Its Origin and Development*, Oxford, 1880, p. 49.)

6 同上书,第75页。

7 "公共军事与个人武装没有关系。"(Tacitus, *Germania*, xiii.)

8 关于朱特人及其他的民族,参见 J. M. Lappenberg, *A History of England Under the Anglo-Saxon Kings*: 800 *to* 1066, vol.1, London, 1845, p.97. 盎格鲁–撒克逊男孩儿在12岁的时候(就会接收自己的武器),参见 J. M. Lappenberg, p. 173; J. Thrupp, *The Anglo-Saxon Home*, London, 1862, p. 108.

9 基于神学基础,在"神"甚至是"本性"有时会被引用为第三方受害者的地方,这样一个尽管古老却很明智的规则的例外就会出现。(N. Marshall, *Penitential Discipline of the Primitive Church*, Oxford,1844, pp. 49, 190; 13世纪的作品 Andrew Horn, *Mirror of Justice*, W. J. Whittaker,ed., London, 1895, chap. xiv.)

10 "保持平和是立法者的首要目标,但这不容易。强迫受害者或被杀者亲属接受赔偿金,而非借助复仇方式(解决)是立法者的主要目的。"(F. W. Maitland, *Constitutional History of England*, Cambridge, 1908, p. 4.)

11 因此,在《十二铜表法》中,如果奴隶被证实为盗贼,那么他将会被杀死；如果自由人被证实为盗贼，那么他会成为被盗者的奴隶；但是，如果他之后被逮捕了，那么必须偿还他偷盗财物价值双倍的赔偿金。根据日耳曼尼亚的法典，对盗贼应该立即逮捕并处以绞刑或斩首，但是如果他是在一段时间后才被杀的，那么其间就会强加谋杀的罚金。（Henry Maine, *Ancient Law*, ed. of 1906, pp. 387, 388.）

12　例子见 *Exodus*, xxi. 23, 24, 25.

13　E. Westermarck, *The Origin and Development of the Moral Ideas*, vol. 1, London, 1906, p. 178.

14　最初，接受血缘-罚金（blood-fine）并不总是必要的。关于这一点，参见 E. W. Robertson, *Scotland under her Early Kings*, Edinburgh, 1862, p. 287；关于对女性亲戚的处置方法，参见 J. Thrupp, *Anglo-Saxon Home*, p. 151。

15　一份17世纪的《伊根法》中规定："如果任何人在要求公平之前采取了复仇措施，那么他需要放弃自己所取得的东西，赔偿他造成的损害，支付赔偿金30先令。"（Thorpe, *Ancient Laws and Institutions*, fol. ed. p. 48.）

16　"古代社会的形式法律不是犯罪法；它是一种针对违背道德事件的法律，使用英语专业词汇的话，就是针对侵权行为的法律。受害者通过一般公民行为起诉侵权者，如果他（起诉）成功的话就通过金钱的形式来获取赔偿金。"（Maine, *Ancient Law*, p. 379.）

17　"令人好奇的是，原始时期的人们很少顾虑到这些问题（针对犯错者应承担的道德罪责的程度），他们是如何完全相信犯错者的冲动是对其有权实施报复的正确衡量标准？他们在确定惩罚程度时又是如何真切地模仿犯错者情绪的起起伏伏，也令人难以捉摸。"（Maine, *Ancient Law*, p. 389.）

18　"每个人的生命都有其自己的价值，根据这种估价，他在法庭上的誓言价值各不相同，对他本人的冒犯和伤害都会得到补偿。"（Stubbs, *Const. Hist.* i. p. 188.）

19　门牙通常要花费 6 先令，在阿尔弗雷德时代是 8 先令。

20　埃塞尔伯特法。如果一名自由人抢劫国王，就让他赔付九倍的罚金。如果一名自由人抢劫了一个自由人，那就让他付诸三倍的赔偿。（J. Johnson, *Ecc. Laws.*）

21　关于各种法令的合集，以及关于他们所有可能性伤害的惊人的细密性之案例，参见 F. Lindenbrog, *Codex legum antiquarum*, Frankfort, 1613, pp. 474, 498, etc.

22　麦西亚镑等于 60 先令，威塞克斯镑等于 48 先令，参见 H. A. Grueber, *Handbook of the Coins*, London, 1899, p. 9.

23　Stubbs, *Const. Hist.* i. p. 109.

24　Thorpe, *Ancient Laws and Institutions*, fol. ed. p. 80.

25　W. S. Holdsworth, *History of English Law*, London, 1903, p. 13.

26　J. M. Kemble, *The Saxons in England*, vol. 1. London, 1876, p. 149.

27　R. Ruding, *Annals of the Coinage*, London, 1840, p. 110.

28　F. W. Maitland, *Domesday Book and Beyond: Three Essays in the*

Early History of England, Cambridge, 1897, p. 44.

29　"至少在理论上有可能性：直到公元10世纪中期，一个杀人犯可以选择忍受家族间的宿怨。然而，他自己的家族可以通过与其断绝而避免承担家族结怨的后果；在此之后，任何支持他的人，以及任何除真正的肇事者之外干预复仇的亲属，都被视为国王的敌人。"（Pollock and Maitland, *Hist.* ed. of 1898, i. 48.）

30　"当一个最底层的自由民经常受到指控，如果他后来被捕，他可能会失去一只手或一只脚。"——伊根法。（R. Schmidt, *Die Gesetze der Angelsachsen*, Leipzig, 1858, p. 29.）

31　参见 Laws of Ine, sect. 12. Thorpe, fol. ed. p. 49.

32　Pollock and Maitland, *Hist.* vol.1. p. 476;vol. 2, p. 451, ed. of 1898.

33　J. Thrupp, *Anglo-Saxon Home*, p. 145.

34　G. G. Coulton, *Chaucer and His England*, London, 1908, p. 293.

35　Pollock and Maitland, i. 478, ii. 450.

36　*Early Assize Rolls for the County of Northumberland*, pp. xviii., xix., etc. Durham, Surtees Society, 1891.

37　Stubbs, *Const. Hist.*, p. 89.

38　"若有人偷了别人的牛，宰了，或是卖了，他就要赔两只牛或者是四只羊。他若没有牛或羊能赔偿，就要卖掉自己的牛。"（Thorpe, Laws, fol. ed. p. 23. 对比 *Exodus xxii*. 3; Pollock and Maitland, *Hist.*, ed. 1895,vol. ii. 514.）

39　Pollock and Maitland, ii. p. 11.

40　约翰·理查德·格林指出，根据著名的格里高利教皇的事件，部族间的战争曾经"使得英国奴隶填充了国外的市场"。（J. R.Green, *Hist. Eng. People*, i. London, 1881, p.37.）

41　Hovenden. H. T. Riley's ed., I, London, 1853, p. 143.

42　一场活跃的奴隶贸易早在大征服（the Conquest）之前，就已经开始进行了。（Thrupp, *Anglo-Saxon Home*, p. 130.）

43　Pollock and Maitland, *Hist*. i. p. 12.

44　十七世纪的伊恩法："如果有人将其依附的佃农或自由佃农出售到海外，尽管他感觉到羞愧，他仍然需要根据他的受害者赔付赔偿金。"（Stubbs, *Select Charters and Other Illustrations of English Constitutional History from the Earliest Times to the Reign of Edward the First*, Oxford, 1884, p. 61.）

艾特兰德法："基督教士和被定罪的人不能出售到海外，至少不能被卖到异教国家。"（Thorpe, fol. ed. p. 135.）

威廉一世的一项法令也有相同的针对性。（R. Schmidt, Gesetze, p. 347.）

45　F. W. Maitland, *Domesday Book*, p. 31.

46　艾特兰德法："如果有人杀死了一名最底层人的家奴，那么他需要赔偿6先令偿命金。"（Thorpe, fol. ed. p. 3.）

47　Thorpe, 8vo ed. i. p. 626.

48　Thrupp, *Anglo-Saxon Home*, p. 127.

49　参见《狄奥多西刑罚书》（*Theodori Liber Poenitentialis*），

Thorpe, fol. ed. p. 288;《埃克伯特的忏悔》(*Poenitentiale Ecberti*), lib. ii. 3; Thorpe, p. 368.

50　对比 Exodus xxi. 20, 21:"如果一个人用杖条打他的奴隶,或者他的女仆,奴仆死在了他的手里,那么他必定将受处罚。……然而,他若耽延一两天,就不必受刑,因为这是他的财产。"

51　Stubbs, *Const. Hist.*, p. 89.

52　仆人所造成的一切损坏,主人都应处理。(Thorpe, fol. ed. p. 11.)

53　Maitland, *Domesday Book*, p. 32.

54　又或者是他可能被鞭笞三次,参考埃塞尔斯坦王时期的律法。(Thorpe, fol. ed. p. 88.)

55　埃塞尔斯坦王法。(D. Wilkins, *Leges Anglo-Saxonicae*, London, 1721, p. 103.)

56　根据阿尔弗雷德判决,强暴一名最底层人的女性奴隶的话,(犯罪者)会被处罚 5 先令,罚金交给这个底层人;如果一名奴隶犯下侵犯罪,那么他则有可能被阉割。(Thorpe, fol. ed. p. 35.)

57　Stubbs, *Const. Hist.*, i. p. 25.

58　Thrupp, *Anglo-Saxon Home*, p. 131.

59　William Andrews, *Old-Time Punishments*, Hull, 1890, p. 146.

60　Thrupp, *Anglo-Saxon Home*, p. 144.

61　E. W. Robertson, *Scotland Under Her Early Kings: A History of the Kingdom to the Close of the Thirteenth Century*, ii. p. 450.

62　Pollock and Maitland, *Hist*. ed. 1898, ii. p. 450.

63　"如果他杀死了他的主人……"（Thorpe, 8vo ed. vol. i. p. 579.）

64　F. Lindenbrog, *Codex legum antiquarum*, p. 498.

65　古代威尔士和十八世纪美国同样的法律等，参见 Westermarck, *Moral Ideas*, i. p. 518。

66　波洛克和梅特兰称："在当时古老的时代，监禁可能会被认为是一种无用的惩罚；它并不能（正如它随后被应用和理解一样）满足复仇心，它使得罪犯变得毫无意义，并且是一件我们认为花费巨大的事。"（Pollock and Maitland, *Hist. Eng. Law*, ed. of 1895, vol. ii, p. 514.）

67　Grant Allen, *Anglo-Saxon Britain*, p. 47.

68　E. W. Robertson, *Scotland*, p. 295.

69　《伊根法》。法律宣称"在国王的领地内打架，犯罪者容易被处死。"（J. Johnson.）

阿尔弗雷德法："在一位大主教面前打架的话，意味着需付出 150 先令的罚款。"（Thorpe, p. 32.）

"在一个普通人的家中打架意味着将会被处以 30 先令的罚金，还需向这位底层的自由人付 6 先令。"（J. Johnson.）

70　Thrupp, *Anglo-Saxon Home*, p. 148.

71　参见克努特王（1016—1035 年在位）时期的例子。（Thorpe, fol. ed. p. 174.）

72　J. Johnson, *Ecc. Laws*.

73　Thorpe, fol. ed. p. 174.

74　J. Johnson, *Ecc. Laws*.

75　《克努特法》，参见 Thorpe, fol. ed. p. 169。

76　同上书，第213页。

77　*Saxon Chronicle*, J. Ingram's ed., London, 1823, p. 295.

78　Stubbs, *Const. Hist.*, i. p. 204.

79　Maitland, *Domesday Book*, p. 33.

80　这些惩罚和贡金通常是针对因重大犯罪而死亡的（受害者），但是囚犯的财产物品则会因重罪而被没收；因此，为了征服的利益，更多的罪名被设立。（F. W. Maitland, *Const. Hist. Eng.*, p. 111; J. Britton, *Britton*, Nichols'ed., Oxford, 1855, p. 35.）

81　"对于他们"（那些受用者），"一次新的审理似乎只是一个新的折磨"。（L. O. Pike, *Hist. Crime*, i. London, 1873, p. 134.）

82　成百上千的人民可能会被冠以未明谋杀罪而被罚款（就像现在印度的农村一样），一些官员也会因不顾职责而被罚款。参见 T. Madox, *History and Antiquities of the Exchequer*, London, 1769, chap. xiv. p. 539, etc; J. Britton, F. M. Nichols'ed. p. 138. 这种可能性直到爱德华三世统治时期才被废除。参见 W. S. Holdsworth, *Hist.*, p. 8.

83　T. Madox, *History and Antiquities of the Exchequer*, London, 1769, vol. i. p. 425, etc.

84　对小偷处以绞刑的权力（Infangthef），"手中拥有，后背承受"；将一个小偷逐出边境的权力（Utfangthef）。

85　Holdsworth, *Hist.*, p. 2.; 参见 Stubbs, *Const. Hist.*, i, p. 452, p. 453, etc.

86　Maitland, *Domesday Book*, p. 52.

87　"领主行使……民事和刑事诉讼的管辖权，连同所有的利益都是由最初的恩赐赋予他的。——因为在早期，司法的金钱利益构成了司法权优势的很大一部分。"（Stubbs, *Const. Hist.*, i. p. 102; Holdsworth, p. 13;p. 14.）

88　参见 Maitland, *Domesday Book*, p. 33.

89　同上书，第83页。

90　"在诺曼王的统治下，金钱与法官之间的关联如此的密切，以至于我们几乎不需要历史学家的注解来引导我们得出这样的结论：正义管辖一切主要是为了寻求利益。"（Stubbs, *Const. Hist.*, i, p. 438.）

91　亨利二世之后。"犯罪不再仅仅被视为一件犯罪者和直接受害者之间的事；犯罪是一种反对国家的错误行为。"（Maitland, *Const. Hist.*, p. 109, ed. of 1898.）

92　L. O. Pike, *History of Crime in England*, i, p. 130.

93　然而，在内战时期，男爵拥有他们自己的城堡内关押盗贼的洞穴，他们借此劫掠那些不幸的英国人。参见 *The Saxon Chronicle*(1137).

94　参见 Stubbs, *Charters*, p. 143.

95　坎特伯雷、罗契斯特市、亨廷顿、剑桥、索尔兹伯里、马姆斯伯里、艾尔斯伯里和牛津的监狱花费都被详细记载在1166国库大卷。

96　参见 John Lingard, *Introduction to English History: From the Text of John Lingard ; Arranged for the Use of Schools by Townsend Young*, ii, London, 1849, p. 619.

97　Pike, *Hist.*, i. p. 130.

98　"监禁是为了竞争而不是为了惩罚。"（*De Legibus*, lib. iii. cap. vi. p.105.）

99　*Britton*, F. M. Nichols'ed. p. 44.

100　参见 5 Hen. IV. c. 10.

101　1295年通过了一部法律：独自越狱之人应不再处以死刑或者损伤身体之刑，除非根据定罪他的罪行应该处以如此刑罚。（De Fragentibus Prisonam, 23 Edward I., Record Commission. *Statutes of the Realm*, London, 1810, vol. i.）

102　*Mirro of Justice*, W. J. Whittaker's ed. p. 52.

103　在亨利三世统治期间，判官们每七年才审判一次。（Pike, *Hist. Crime*, p. 135.）参见 G. J. Turner, *Pleas of the Forest*, p. 15. 到爱德华一世统治的第13年，审判最多每年进行3次。19世纪早期，行省的监狱每年仅进行两次审判。参见 Blackstone, *Commentaries*, vol. 4. chap.19.; J. Stewart's ed. London, 1854, p. 352. 同时参见 W. Crawford, *Penitentiaries of the United States*, London, printed for the House of Commons, 1834, p. 37.

104　监狱使他找不到（或是不被允许）的保障。[*A translation of Glanvilla* (*A treatise on the laws and customs of the Kingdom of England*), J. Beames, ed., London, 1812, pp. 346, 348.] 关于13世纪谁是能够保释的、谁是不能保释的细节规定，参见 3 Ed. I. c. 15 and 27 Ed. I. c. 3.

105　F. M. Nichols'ed. p. 46.

106　在《白皮法典》（15世纪早期）中提到4便士是给狱警的费用。[*Liber Albus* (early fifteenth century), H. T. Riley's ed, London, 1861, p. 448.]

107　关于这点，参见 F. A. Gasquet, *Henry VIII. and the English Monasteries*, London, 1906, p. 4.

108　Bracton, *De Legibus Et Consuetudinibus Angliae*, Lib. iii. f. 137.

109　Nichols'ed. p. 35.

110　参见 Besant, *Mediæval London*, 1906, p. 349.

111　"但是，如果他们拒绝向法庭陈述，那么它们就会被按压在地上，喂之以面包和脏水；且他们不能同一天进食又饮水——吃饭的日子不能喝水，喝水的日子则不能吃饭。"（Nichols'ed. p. 26.）

112　"继承人几乎很难被允许活下来。"（Bracton, *De Legibus*, lib.iii, f. 118.）

113　亨利一世时期，参见 W. Dugdale, *Origines Juridiciales*, London, 1680；理查时期，参见 J. F. Stephen, *A History of the Criminal Law of England*, i, London, 1883, p. 458；亨利三世时期，

参见 W. Page, *Early Assize Rolls*, p. 18, etc.

114 《北安普顿巡回法令》（1176 年，英王亨利二世时期的法令），参见 Stubbs, *Const. Hist.*, i, p. 545.

115 参见 2 Hen. III.《森林宪章》（1217 年）*Carta de Foresta*，同时参见 9 Hen. III. c. 10："从此以后没有人将会因为杀了我们的鹿而失去生命或家庭成员了。"

116 *Sax. Chron.*, Ingram's ed. p. 266；同前，第 295 页；Mirror of Justice, Whittaker's ed. p. 141.

117 J. C. Robertson, *Materials for the History of Thomas Becket*, vol. I, London, 1875, p. 156; Stephen, Hist. *Crim. Law*, i. p. 79.

118 Hist. *Eng. Law*, ii, p. 515.

119 同上书，第 516 页。

120 比如，强奸罪会被处以 1 马克（13s. 4d.）的罚款。

121 参见 *Mirror of Justice*, Whittaker's ed., Introduction, pp. 24., 35., and 1st ed. iii. c. 7. Holdsworth, *Hist. Eng. Law*, p. 39; W. Page, *Early Assize Rolls*, p. 20.

122 关于法官们的抢掠，参见 Lingard, *Hist.* ii, p. 217.

123 1323 年的北安普顿监狱的例子。（Coulton, *Chaucer and his England*, p. 284.）

124 Coulton, *Chaucer and his England*, p. 284.

125 *Liber Albus*, Riley's ed. p. 448.

126 参见 Pike, *Hist. Crime*, i, p. 427.

127 Maitland, Const. Hist., p. 221, ed. 1908.

128　22 Hen. VIII. c. 9.

129　参见 W. Besant, *London in the Time of the Tudors*, London, 1904, p. 380；同时参见 25 Hen. VIII. c. 14.

130　J. F. Stephen, *Hist. Crim. Law*, p. 477.

131　1531 年，一个人就被热水煮熟；1571 年和 1575 年都有一名女性被烧死。（Holinshed, *Chronicles England, Scotland and Ireland*, pp. 926, 1226, 1262.）

132　Besant, *Tudors*, p. 379.

133　J. F. Stephen, *Hist. Crim. Law*, p. 468.

134　Besant, *Tudors*, p. 380.

135　W. Andrews, *Old-Time Punishments*, p. 92.

136　Henry Brinklow, *Complaynt of Roderwyck Mors*, J. M. Cowper's ed., London, E. E. T. Society, 1874.

137　参见 Holinshed, *Chronicles*, pp. 1081, 1082; J. Wilkes, *Encyclopaedia Londinensis*, iii, London, 1810, p. 891; E. C. S. Gibson, *Life of John Howard*, London, 1901, p. 47.

138　参见 Besant, *Tudors*, p. 387.

139　39 Eliz. 4 and 5.

140　7 Jac. I. c. 4.

141　Departmental Committee on Prisons, *Minutes of Evidence*, Appendix ii, London, 1895, p. 457.

142　正如十六世纪初期，参见 19 Hen. VII. c. 10.

143　John Brown, *John Bunyan, His Life and Times*, pp. 169,

182, etc.

144 *The West Answering the North: Relation of the Sufferings of George Fox*, Edw. Pyot, and William Salt, p. 34. Printed 1657.

145 关于古英国监狱的地窖和地下城，参见 Charles Creighton, *History of the Epidemics in Britain*, Cambridge, 1891, p. 386.

146 19 Car. II. c. 4.

147 *The State of the Prisons*, Warrington, 1780, pp. 8 and 9.

148 许多建筑没有任何院子和庭院，参见 J. B. Bailey, *The Condition of the Gaols as described by John Howard*, London, 1884, chap. ii。

149 同上书，第 16 页。

150 E. F. Du Cane, *Punishment and Prevention of Crime*, London, 1885, chap. iii. p. 43, etc.

151 Edward Hall, *Hall's Chronicle*, ed. of 1809, p. 632.

152 Richard Baker, *A Chronicle of the Kings of England*, ed. of 1730, p. 353.

153 Charles Creighton, *A History of Epidemics in Britain*, chap. Vii, p. 383.

154 Thomas Allen, *History of London*, 1872, p. 4.

155 John Howard, *State of the Prisons in England and Wales*, ed. of 1780, p. 10.

156 同上书，第 13 页。

157 同上书，第 12 页。

158 总是会有一些可怜的罪犯,即便被宣判放逐之刑,却还是被留在了监狱里,这是比放逐更糟糕的命运,甚至比死亡更悲惨。(*Dept. Com.*, 1895, Appendix, p. 459.)

159 "……布莱克斯通提到的160名罪犯就是被判处死刑,45名罪犯就是在乔治一世到乔治三世(1714—1820)统治时期被处以死刑。"(J. A. M. Irvine, *Chambers's Encyclopaedia: A Dictionary of Useful Knowledge*, London, 1888, vol.ii, p.743, art."Capital Punishment".)

160 James Mackintosh, *Miscellaneous Works*, p. 718. 关于犯罪法状况的演说,参见 House of Commons, 2nd March 1819. London, 1851.

161 "我曾听说过这样一件可耻又具伤害性的奇闻轶事,甚至我都耻于去重复它。布尔克先生曾告诉我,一次当他准备离开议院(House)的时候,一名传信员把他叫回去了,而他正要去办要事,因此回答道:'噢,这将不会占用您很多时间,他只不过是没有牧师帮助的重罪死刑。'"(Mackintosh, *Miscellaneous Works*, p. 718.)

162 Mackintosh, *Miscellaneous Works*, p. 718.

163 正如当时的一名杰出法官所声称的那样,当时发展起来了"一种检察官、目击证人、辩护律师、陪审团、法官和国王顾问的联盟,来阻止犯罪法的执行"。(Mackintosh, p. 719, 引用自 Sir William Grant)

164 J. A. M. Irvine, *Chambers's Encyclopædia*, ii, p. 743.

165 Mackintosh, p. 718.

166　由《时代》转载，参见 *Times*, 18th January 1901。

167　Edmund Frederick Du Cane, *The Punishment and Prevention of Crime*, pp. 35, 36.

168　Howard, *State of the Prisons*, p. 22.

169　参见 8 & 9 Will. III. c. 27, A.D. 1697.

170　例子参见对班布里奇总督的免职，见 2 Geo. II. c. 32; T. Bird, *Letters from the Shades*, London, 1729。哈金斯的总督革职等案例参见 *Report of a Committee of the House of Commons*, London, 1729, pp. 25, 26, 27.

171　监狱费于 1774 年被废除，参见 14 Geo. III. c. 20.

172　J. M. D. Meiklejohn, *A Short History of the English Language*, ii, London, 1890, p. 276.

173　参见 *The Tryal of William Acton, Deputy-Keeper of the Marshalsea Prison*, London, 1729, p. 4, etc. 同时参见 *Cases in Parliament*, 1684 - 1737. *British Museum Catalogue of Printed Books*, 515, l. 5 (39), 班布里奇的革职，等等。

174　Howard, p. 17.

175　William Acton (Deputy Keeper of the Marshalsea Prison), *The Tryal of William Acton*, p. 5.

176　参见 Murray, *English Dictionary*, "Bull".

177　参见 *Report of the Committee of* 1729, p. 9; *British Museum Catalogue of Printed Books*, 522, m. 9 (28).

178　1730 年有 7 起关于谋杀的审判案件。（Du Cane, p. 36.）

179　古代的囚犯主要仰赖于他们的朋友和外部慈善机构来维持生计。(参阅 Britton; Bracton, lib. iii., etc.)伊丽莎白统治后，推测他们可能每天会得到 1d. 或 2d.，或者是 7-8 盎司的面包。参见 Du Cane, p. 40。从 1759 年开始，到乔治二世统治时期，下令每个债务人每周都要从他的债权人那里收到 2s. 4d.，参见 32 Geo. II. c. 28。但是霍华德指出，事实上，他们并不会得到那些钱，很多囚犯都遭受饥饿。参见 Howard, p.6.

180　1784 年通过了一则法令（24 Geo. III. c. 54），狱警们会收到一笔费用作为他们之前从酒精生意中获取利益的补偿，这样从 1785 年开始，他们禁止向囚犯们贩卖东西。

181　Howard, p. 16.

182　*Report of the Committee of* 1729, p. 2.

183　Howard, p. 5.

184　"伦敦的罪犯监狱"，引自 *The Fifth Annual Report of the Prison Discipline Society*, 参见 Henry Mayhew, John Binny, *The Criminal Prisons of London, and Scenes of Prison Life*, London, 1862, p. 97.

185　Du Cane, p. 43.

186　伦敦监狱，参见 *British Museum Catalogue*, 6056, b. 74, bound pamphlets, London,1789, p. 10.

187　Du Cane, p. 41, etc.

188　E. B. Tylor, *Ency. Brit*. ninth ed., art. "Ordeal."

189　关于这其中复杂的仪式，参见 W. Besant, *Mediæval London*, vol. ii, chap. vi; W. Dugdale, *Origines Juridiciales*, chap. xxix.

190　Stubbs, *Charters*, p. 71.

191　W. Besant, *Mediæval London*, vol. ii, p. 193.

192　Thorpe, fol. ed. p. 517.

193　Glanville, J. Beames'ed. p. 350, note.

194　Maitland, *Const. Hist.*, p. 128.

195　John Reeves, *Reeves' History of the English Law: From the Time of the Romans, to the End of the Reign of Elizabeth*, i, London, 1860, p. 234.

196　Pike, *Hist. Crime*, p. 131.

197　Madox, *Hist. Exchequer*, i, p. 546.

198　*Ency. Brit.*, art. "Ordeal," p. 820, ninth ed.

199　E. A. Freeman, *History of the Reign of William Rufus*, i, London, 1882, pp. 156, 157.

200　P. Labbé, *Sacrorum Conciliorum*, tom. xxii, Venice, 1778, p. 1007.

201　Stubbs, *Charters*, p. 25.

202　Stubbs, *Const. Hist.*, i, p.314.

203　除非他去进行神判，后世在更晚的时代，去找陪审团。参见 W. Forsyth, *History of Trial by Jury*, London, 1852, p. 202, Twiss's Bracton, ii, p. 403.

204　贵族，因为他们的地位和伦敦市民的身份，又因其爱好和平，根据宪章，他们不必接受拷问。参见 Blackstone, *Commentaries*, lib. iv.

205 失去某颗牙齿也被视为是残疾——一些农民就曾对这些牙齿进行了可怕的利用。参见 H. C. Lea, *Superstition and Force, Philadelphia*, 1878, p. 131.

206 Lingard, *Hist. Eng.*, ii, p. 224.

207 Reeves, *Hist.*, i, p. 61.

208 Lingard, *Hist. Eng.*, ii, p.222.

209 Besant, *Mediæval London*, ii, p. 198.

210 同上书,第 196 页。

211 Twiss's Bracton, ii, London, 1879, p. 405.

212 Lingard, *Hist. Eng.*, ii, p.223.

213 Lingard, *Hist. Eng.*, ii, p.224.

214 Blackstone, *Commentaries on the Laws of England*, bk. iv., Sharswood's ed., ii, p. 348. Philadelphia, 1878.

215 Twiss's Bracton, ii, p. 405.

216 后来神明裁判被教会定罪谴责,案例参见公元 855 年颁布的法令：C.*Valentinum*, iii. c. 12.

217 不幸的是,这些残酷的考验被一个更加可怕的严刑逼供接替,这种严刑逼供当时在整个欧洲复兴,14 世纪的时候达到鼎盛。在英格兰则是于 1468 年达到顶峰。在废弃了逼供人类的超自然方式之后,教会和国家开始了无情残忍的物理方式逼供。宗教法庭接受了严刑逼供；大约 13 世纪末,这一惯例也被世俗法庭接纳。关于案例,参见 Lea, *Superstition and Force*, pp. 421, 458; Maitland, *Const. Hist.*, p. 221; Lea, *History*

of the Inquisition in the Middle Ages, i, New York, 1906, p. 423, etc.

218　Barnewall and Alderson, *Report of Cases*, i, London, 1818, pp. 405, 426, etc.

219　59 Geo. III. c. 46.

220　Westermarck, *Moral Ideas*, ii. 628 seq.

221　J. Bingham, *Antiquities of the Christian Church*, iii, Oxford, 1855, p. 203.

222　同上书，第 204 页。

223　同上书，第 205、217 页。

224　同上书，第 213 页。

225　H.H. Milman, *History of Latin Christianity*, ii, London, 1864, p. 59.

226　Bingham, iii, pp. 209, 211.

227　到阿尔弗雷德的审判时，仅有一个在牧师领地（mynster-ham）内的 3 天神圣庇佑。一个逃犯受教堂庇护 7 天也不会被拖拽出来，尽管不会有人带给他任何食物（Thorpe, fol. ed. pp. 27, 28, 29）。不过，如果他交出了他的武器，他可能会有 30 天内处于安全的境地，是时他的亲戚们会一起来赎回他（Thorpe, p. 29; Reeves, i, p. 32）。早期的教会是允许 30 天的庇护的，参见 Bingham, iii, p. 207。蓄意谋杀犯可能会从祭坛中被拽下来，因为这是希伯来法的规定。（Thorpe, p. 27.）

228　*Concilium Aurelianse*, Labbé, tom. viii. p. 350.

229　J. L. Mosheim, *Mosheim's Institutes of Ecclesiastical History, Ancient and Modern*, i, London, 1863, p. 461.

230　Jacques-Paul Migne, *Patrologiae Cursus Completus: Series Latina*, tom. 216; "Regni Carraclae," p. 1255.

231　Bingham, iii, p. 214.

232　A. Friedberg (*Decretal Gregor. IX.* lib. iii. tit. xlix. cap. vi.), *Decretalium Collectiones*, ii, Leipzig, 1881, pp. 655, 656.

233　John Johnson, *Ecc. Laws*, 引自 Spelman, *The English Works of Sir Henry Spelman, K. Publish'd in His Life-time, Together with His Posthumous Works, Relating to the Laws and Antiquities of England*, ii, p. 305.

234　爱德华二世法令也有如此意志，参见 9 Ed. II. c. 10 (1315).

235　Besant, *Mediæval London*, p. 201.

236　Besant, *Mediæval London*, p. 201.

237　通常而言到达的港口是多佛（英国东南部的港口），在那里有大量的人聚集在一起等待被运送。参见 Pike, *Hist. Crime*, i. p. 232.

238　Britton, lib. i. ch. xvii.

239　参见 9 Ed. II. c. 10："对于发誓离开国家的人，只要他们在教堂或是流放路上，他们都将保持安全。"

240　Blackstone, *Commentaries*, bk. iv., Sharswood's ed. ii, Philadelphia, 1878, p. 332.

241　22 Hen. VIII. c. 14.

242　关于烙印，参见 21 Hen. VIII. c. 2.

243　A. P. Stanley, *Westminster Abbey*, London, 1882, p. 346.

244　Besant, *Mediæval London*, p. 202.

245　同上书，第 206 页。

246　Bingham, iii. p. 215.

247　Besant, *Mediæval London*, p. 208.

248　Stanley, p. 346.

249　Besant, *Mediæval London*, p. 212.

250　26 Hen. VIII. c. 13.

251　27 Hen. VIII. c. 19.

252　32 Hen. VIII. c. 12.

253　Stanley, p. 352.

254　1 Jac. I. c. 25, s. 34.

255　21 Jac. I. c. 28, s. 7.

256　8 & 9 Will. III. c. 27, s. 15.

257　9 Geo. I. c. 28.

258　11 Geo. I. c. 22.

259　*Ency. Brit.*, art. "Wager of Law."

260　Henry Charles Lea, *Superstition and Force: Essays on the Wager of Law-the Wager of Battle-the Ordeal-the Torture*, p. 23.

261　同上书，第 21 页。

262　C. *Valentinum*, iii. c. xi., A.D. 855.

263　Forsyth, p. 76.

264　Reeves, *Hist.*, i, p. 33.

265　Holdsworth, *Hist.*, i, p. 138.

266　Reeves, *Hist.*, i, p. 33.

267　Holdsworth, *Hist.*, i, p. 139.

268　Lea, *Superstition*, pp. 66, 81.

269　Holdsworth, *Hist.*, i, p. 138.

270　Lea, p. 35.

271　同上书，第 33 页。

272　同上书，第 64 页。

273　3 & 4 Will. IV. c. 42, s. 13.

274　S. Cheetham, *History of the Christian Church during the First Six Centuries*, p. 171. London, 1894.

275　Stubbs, *Const. Hist.*, i, p. 267.

276　1 Corinthians vi.

277　公元 341 年，到安条克教区的第十一和第十二任主教时期；公元 397 年，到迦太基教区的第九任主教时期；以及公元 451 年的卡尔西顿教区的第九任主教时期。

278　Lingard, *Hist.*, ii, p. 120.

279　Cheetham, p. 171.

280　H. C. Lea, *History of the Inquisition in the Middle Ages*, i, New York, 1906, p. 309.

281　教区的主教们，教皇法令以及诸多法典合集。

282　参见 See Lingard, ii, 126。沙特尔的伊沃（1035—1115 年在世）的教令合集发布之后，参见 Stubbs, *Charters*, p. 136; 更多是到格拉提安教令集汇编完成之时（1151 年），教会法庭的声誉与影响逐步增加，虽说没有超越世俗法庭，但也足以抗衡。（Lingard, *Hist.*, ii, p. 126.）基督教法庭是宗教信条的捍卫者；在那些时代，没有正确的信仰，任何其他东西都是无益的。教会法庭也强化了基督教徒的德行。阿奇迪肯·奇塔姆称："主教们负责审判那些违反道德法而非国家法的事务，有时甚至成功威慑到了那些处于高位的违反者。"（*History of the Christian Church*, p. 171.）斯拉普称："教会中关于忏悔的信条会处理一系列非道德的审判，而这些非道德行为在法律上并不被视为非法行为。"（*Anglo-Saxon Home*, p. 254.）另参见 J. Johnson, *Laws and Canons*, ii, p. 189, note F., ed. 1851; N. Marshall, *Penitential Discipline*, p. 136.

283　Lea, *Inquisition in the Middle Ages*, i, p. 312.

284　他们将由其执行官带到法庭，当时执行官的数量众多；法训并不通过教区牧师、教区的神父或是祭司发布，以免忏悔室内的秘密不受信，而导致人们停止忏悔自己的罪。参见斯特拉特福德大主教，1342年，Archbishop Stratford, A.D. 1342, C. Lond. Can. 8; J. Johnson, *Laws and Canons*, ii, p. 371. 作家乔叟在讲"召唤师"（sumptnour）的时候就曾经举出过一位"道德"代理人的例子。

285　通常而言，敲诈勒索是十分常见的案件，参见 H. W. C. Davis, *England under Normans and Angevins*, London, 1909, p. 209.

286　参见 S. Pegge, *Life of Bishop Grosseteste*, p. 183.

287　S. Pegge, *Life of Bishop Grosseteste*, p. 46.

288 一些年后,博尼法斯大主教,在他的宪法中声称(第17条)国家不得干涉道德审讯。参见 J. Johnson, *Laws and Canons*, ii, p. 205, ed. 1851; 同时参见关于"安瑟姆教规的注解", J. Johnson, *Laws and Canons*, ii. p. 28.

289 对主教(神父领班)的视察在当时是极为鲜有的,因此需要创造一定数量的间谍和告密者;参见 *Ecclesiastical Courts Commission*, London, 1883, p. xxiv.

290 1 Cor. vi. 3.

291 1 Cor. vi. 2.

292 Rufinus, *Hist. Ecc.*, lib. I, cap. ii, p. 184, ed. of Basel. 1611.

293 关于那些压迫且恐吓性的陪审团,参见 W. Eden (Lord Auckland), *Principles of Penal Law*, London, 1771, p. 176. 正如沃尔西所注意到的,"他们会将该隐杀害亚伯视为有罪的"。

294 H. C. Lea, *Studies in Church History*, Philadelphia, 1869, p. 171.

295 C. *Agathense*, c. 32.

296 C. *Epaonense*, c. 11.

297 1755年,同样的内容也在韦尔纳伊委员会的第十八任主教时期再次被提到。

298 C. *Matisconense*, i, c. 7.

299 C. *Matisconense*, i, c. 8.

300 C. *Aurelian*, iii, c. 32.

301 C. *Parisiense*, v, c. 4.

302 Gregor. I. lib. vi. Epis. xi

303 Haddan and Stubbs, *Councils and Ecclesiastical Documents*, i. p. 133; *Canones Wallici*, Oxford, 1869, c. 40(37).

304 Lea, *Studies*, p. 178.

305 Lea, *Studies*, p. 179.

306 同上书，第 182 页。

307 Epis. xcvii. 70. Migne, *Patrologiae*, tom. 119, p. 1006.

308 C. *Ravennense*, c.4.

309 例子参见 789 年查理曼颁布的法令以及 1491 年班伯格宗教会议发布的敕令；参见 Lea, *Studies*, pp. 178, 192, 196.

310 *Privilegia Clericorum, Constitutio Frederici Imperitoris*, p. iii, *Brithish Museum Catologue*, vol. i, a. 6515, Constitutio Caroli, 1498.

311 G. H. Pertz, *Monumenta Germaniae Legum*, tom. ii, Hanover, 1837, p. 244; Lea, *Studies*, pp. 191, 196.

312 同上书，第 191、192 页。

313 关于后特里登廷的一些索赔主张，参见 Lea, *Studies*, p. 216, etc.

314 P. F. Lecourayer, *Histoire du Concile de Trente*, tom. ii, 1736, p. 658; 同时参见本书 p. 585, etc.

315 Holdsworth, *Hist. Eng. Law*, iii. p. 253.

316 到亨利四世统治时期，甚至是道路的潜伏者和土地的驱逐者之权力最终也授予了神职人员，参见 4 Hen. IV. c. 2, A.D. 1402.

317 Matthew Hale, *Pleas of the Crown*, ii, London, 1800, p. 333.

318 Lingard, *Hist*. ii, p. 192, etc.

319　Holdsworth, i. p. 382.

320　Lea, *Studies*, pp. 213, 218.

321　Lingard, ii. p. 127.

322　D. Rock, *The Church of Our Fathers*, i, London, 1903, p. 144.

323　J. F. Stephen, *Hist. Crim. Law*, i. p. 461.

324　A. S.A. S. Green, *Henry II.*, London, 1903, p. 85.

325　Lea, *Studies*, pp. 178, 203.

326　Johnson, *Laws and Canons*, ii, p. 194.

327　25 Ed. III. c. 4.

328　J. F. Stephen, *Hist. Crim. Law*, i. p. 461.

329　Meiklejohn, *Hist. Eng.* vol. i, London, 1895, p. 165.

330　Lord Auckland, *Principles*, p. 173.

331　Thomas Smith, *De Republica Anglorum*, Alston's ed., Cambridge, 1906, p. 103.

332　D. Barrington, *Observations on the More Ancient Statutes*, p. 443.

333　Hale, *Pleas of the Crown*, ii. p. 372.

334　J. F. Stephen, *Hist. Crim. Law*, i. p. 460.

335　Pollock and Maitland, *Hist. Eng. Law*, i. p. 426.

336　W. Stanford, *Plees de Coron.*, lib. ii, London, 1560, cap. 48.

337　Holdsworth, *Hist. Eng. Law*, i. p. 382.

338　J. F. Stephen, *Hist. Crim. Law*, i. p. 461.

339　参见Bingham, Antiquities of the Christian Church, v. p. 459。

340　*Concilium Tarragonense*, c. 4, A.D. 516.C. *Autissiodorense*, c.

34, A.D. 578.C. *Toletanum*, xi. c. 6, A.D. 675.

341　*Excerptiones Ecgberti, Archiepiscopia Eboracensis*, p. 156.

342　Johnson, *Laws and Canons*, ii. p. 60.

343　C. *Lat*. iv. c. 18.

344　C. *Toletanum*, iv. c. 31, A.D. 633.

345　C. *Autissiodorense*, c. 33, A.D. 578.

346　正如四世纪时的狄奥多西一世；十一世纪的皇帝亨利四世；十二世纪的亨利二世的例子。

347　Thrupp, *Anglo-Saxon Home*, p. 238.

348　同上书，第243页。

349　如，九世纪时的威塞克斯国王埃塞伍尔夫，得到教皇的一条法令：任何佩戴镣铐到国外朝圣的英国人不得被定罪。（Lappenburg, *Saxon Kings*, ii, p. 26）一个人到坎特伯雷的朝圣将因他带回来的一个瓶子或是一个钟而得到认可；如果一个人到达西班牙境内的康波斯特拉的圣地亚哥朝圣，那么他应该带回一个贝壳；到东方圣地朝圣则要带回来一片棕叶。（R. F. Littledale, *Ency. Brit.*）

350　Thrupp, *Anglo-Saxon Home*, p. 256.

351　W. J. Thoms, *Early English Prose Romances*, i, London, 1858, p. 31, etc.

352　Johnson, *Laws and Canons*, ii, p. 449.

353　更多的忏悔形式取决于宗教裁判所采取的态度。例子参见 Charles Reade's historical story, *The Cloister and the Hearth*.

354 通常而言一半的时间是这样的,一般一周内的三天是另一半的时间。参见 *Pen. Ecgberti, Arch. Ebor*. etc.

355 Lea, *Studies in Church History*, p. 245.

356 Thorpe, fol. ed., pp. 280, 315.

357 参见坎特伯雷的希欧多尔大主教的忏悔规则书(673年),参见 Thorpe, p. 278.1139 年的拉特兰宗教会议宣布神职人员的谋杀者将被逐出教会,仅由教皇免职(拉贝,第21卷,第530页)。然而,理查德大主教却诉求庇护(Petrus Blesensis, *Opera*, Epistola 73, Giles's ed. i, Oxford, 1847, p. 217.)。同时参见 Hook, *Lives of the Archbishops of Canterbury*, ii, London, 1862, p. 577.亨利二世制定了惩罚措施(Reeves, *Hist. Eng. Law*, i. p. 133; Lingard, *Hist*. ii. p. 193; Carte, *Hist*. i. p. 689; C. H. Pearson, *History of England during the Early and Middle Ages*, London, 1867, p. 511.)

358 Penitential of Theodore, *De Temperantia Poenitentium*, etc.

359 《艾格伯特的忏悔规则书》,约克大主教(8世纪),Thorpe, p. 377. "谋杀者的通行忏悔"(9世纪)是 7—10 年。

360 J. Johnson, *Laws and Canons*, note E, ii. p. 11.

361 C. *Ancyranum*, c. 5, A.D. 314.

C. *Nicaeni*, c. 12, A.D. 325.

C. *Chalcedonense*, c. 16, A.D. 451.

C. *Ilerdense*, c. 5, A.D. 524.

362 关于英格兰的例子参见 Thorpe, i. p. 278; Johnson, *Laws*

and Canons, ii. pp. 10, 11, note D.

363 Johnson, p. 446.

364 Marshall, *Penitential Discipline*, pp. 109, 110.

365 国王的亲信和同伴们会被教会接受一起共享圣餐仪式，他们将不被驱逐，这是由托雷多宗教会议规定的。（C. *Toletanum*, xii. c. 3, A. D. 681; Labbé, tom. xi. p. 1030; Marshall, *Penitential Discipline*, p. 126.）

366 C. *Clovenhonense*, cc. 26, 27, A.D. 747.

367 Maitland, *Domesday Book*, p. 281.

368 St. Ambrose, *De Elia et Jejunio*, c. xx.; Migne, *Patrologiae*, tom. xiv. p. 724.

369 J. Johnson and B. Thorpe; Lea, *Middle Ages*, i. pp. 464, 473.

370 Carte, *Hist.*, i. p. 581. 赫伯特·斯宾塞注意到了中世纪的这些赎罪要求几乎很少得到实际上的遵循和执行。

371 5 Rich. II. c. 5, A.D. 1382.

z Hen. IV. c. 15, A.D. 1400.

z Hen. V. c. 7, A.D. 1414.

372 C. *Triburiense*, c. 3, A.D. 895.Lea, *Studies*, p. 384; Stubbs, in Appendix II. *Ecc. Courts Comm.*, 1883, pp. 55, 56.

373 如果他继续保持傲慢无礼的话甚至可能被怀疑为异端。参见特伦特宗教会议章程的第 25 章（Lecourayer, tom. ii., pp. 648, 653）。

374 Stubbs, *Const. Hist.*, iii. p. 374.

375　Chaucer, John Saunders'ed., London, 1889, p. 83. "大法官敕令是由大法官法庭发布的敕令：敕令依据教区长给一名忏悔者发出证明，证实他在被逐出教会的40天内没有履行任何忏悔之行，他将因此被送进监狱，且不得保释或担保，直至他屈服于教会的权威。""也就是因为所谓的大法官敕令实际上是法庭传令的加强式。"（T. Blount, *Law Dictionary*, London, 1717.）

376　A. Abram, *Social England in the Fifteenth Century*, London, 1909, p. 111; also Chancery Warrants for Issue, *The Patent Rolls*, etc.; J. Johnson, *Laws and Canons*, ii. p. 192, *De Excommunicato Capiendo*, and p. 399; Holdsworth, *Hist.*, i. pp. 358, 433.

377　英格兰国王亨利二世就曾遭到80个神职人员的严重鞭打；出席的主教每人鞭打5下，每个修道士则鞭打3下。国王的忏悔成为疾病。（Lea, Middle Ages, p. 464; Meiklejohn, *Hist.*, i. p. 102.）

378　Bingham, *Antiquities of the Christian Church*, vi. p. 172.

379　Bingham, ii. p. 128. 我曾见过马略卡岛上一个西班牙高级教士修道房；那是一个无人租用的幽暗且被锁起来的小房间。

380　例如，泰恩茅斯修道院就曾被圣奥尔本斯的修道院长用作监狱，参见 W.Dugdale, *Monasticum Anglicanum*, iii, London, 1846, p. 309；Bingham, vii. p. 43.Ingulph's *Chronicle of the Abbey of Croyland*, Riley's ed. p. 98.

381　Lea, *Middle Ages*, i. p. 488.

382　同上书，第490页。Charles Molinier, *L'Inquisition au XIIIe*

et au XIVe siècle, Paris, 1880, pp. 435, 440, etc.; *Concilium Albiense*, c. 24, A.D. 1254; Lea, *Superstition and Force*, p. 426. 教皇克莱芒五世在1306年呈送的红衣主教考察团的考察结果，参见Molinier, p. 450, and B. Hauréau, Bernard Delicieux, Paris, 1877, p. 134, etc.

383　C. *Tolosani*, c. 11.

384　Lea, *Middle Ages*, i. p. 491.

385　C. *Biterrense*, c. 23; C. *Biterrense*, A.D. 1233; *De Custodia Claustria*, Labbé, tom. xxiii. p. 275.

386　Lea, *Middle Ages*, i. p. 487.

387　Lea, *Middle Ages*, i. p. 486.

388　1234年，阿尔比宗教会议下令，没收异教徒财产的掌管者要为财产前所有者提供生活所需，或监禁时的必要支持。

389　比如，在1300年，我们发现一些关押在阿尔比的囚犯，被判处"进入一个由窄墙组成的永久监狱，那里的食物是痛苦的面包，喝的是苦难的水，只能用铁链和锁链来提供"。（Molinier, p. 94, quoting Doat, tom. xxxv.）

390　"我们的确下达特殊的禁令：每个主教在他自己的教区内拥有1—2个监狱；主教需要保持好监狱足够大的空间和安全性，为的是依据教会传统保证那里足以监禁那些犯有重罪的神职人员。如果有任何神职人员冥顽不化，且他不是信徒，那么他必须接受死刑，我们恳求这样的人被永久监禁……"（J. Johnson, ii. pp. 207, 208; *Constitutions of Archbishop Boniface*, A.D. 1261.）

391　Dugdale, *Monasticum Anglicanum*, vi. p. 238.

392　Lea, *Middle Ages*, p. 487

393　James Stephen, *Studies in Ecclesiastical Biography*, London, 1907, p. 38.

394　J. W. Willis Bund, *Episcopal Registers*, Oxford, 1902, ii, p. 182.

395　H. T. Riley, *Gesta Abbatum Monasterii Sancti Albani*, London, 1867, i, p. 266.

396　Lea, *History of the Inquisition in the Middle Ages*, i. p. 487 and note; and see H. R. Luard, *Annales Monastici*, t. ii. p. 296, t. iii. p. 76; F. W. Maitland, *Law Quarterly Review*, ii. p. 159.

397　Bund, *Epis. Registers of the Diocese of Worcester*, ii. p. 189.

398　Bingham, *Antiquities of the Christian Church*, vii, p. 18.

399　同上书，第 12 页。

400　Addis and Arnold, *Cath*. Dict., p. 276.

401　S. Lugio, Cath. *Ency.*, New York, 1908, iv, p. 678.

402　Coulton, *Chaucer and His England*, p. 288; Lea, *Studies in Church History*, p. 189. "降级是一种很少会实施的处罚，因为教会不愿意承认曾经授予的神圣职位会因任何罪行而被剥夺，除非是异端。"（Davis, *Normans and Angevins*, p. 207.）

403　鲁昂宗教会议下令被贬的神职人员不得作为普通非信徒在世界上生活。（C. *Rothomagense*, c. 12, A.D. 1074.）那些被认为脱下教服的人不允许进入军队或是任何神职人员的修道院，而是将被认为是被逐出教会的人。(*Lanfranc's Canons*, c.

12, A.D. 1071; J. J. ii.9.）

404　Lecourayer, *Concile du Trente*, tom. i. p. 543.

405　Stubbs, Ecc. *Courts Comm.*, 1883, Appendix ii. p. 57.

406　一名世俗官员可能成为沦为世俗者的神职人员的监管者。（*Cath. Ency.*, iv. p. 678.）

407　C. *Remense*, A.D. 1157.

408　C. *Oxoniense*, A.D. 1166.

409　C. *Turonense*, A.D. 1163.

410　2 Hen. IV. c. 15.

411　Lea, *Hist. Inq. Middle Ages*, i. p. 222. 1222年的牛津，一名执事为了与一名犹太人结婚而转信犹太教，被兰顿大主教审讯并处以火刑。（一名虔诚的老妇人给伦敦城留下了一笔遗产，用于支付将异教徒处于火刑的花费。——Meiklejohn, *Hist.*, i. 223.）从那时直到1400年，据称在英格兰没有任何一人因异端之罪而被处以火刑。（Maitland, *Law Quarterly Review*, London, 1886, ii, p. 153.）

412　E.P. 埃文斯教授在这一问题上给出了一个有趣的观点，他指出："基督教立法者本该采用犹太法，禁止兽交，然后将其扩大至将犹太人本身纳入其中。这看似十分奇怪。法学家们曾严肃地探讨过这一问题——一名基督徒和犹太人同居或者说反之（犹太教徒与基督徒同居），是否构成兽交之罪。乔斯·德·达霍德（Damhouder, Prax. rer. crim. c. 96, n. 48）就是这样的观点，尼古劳斯·博尔（Nicolaus Boër, Decis, 136, n. 5）

引用了某个约翰尼斯·阿拉尔杜斯/珍·阿拉德在巴黎与一名犹太女性同居并与其生下几个孩子的事例；他因此关系被判兽交之罪，并处以火刑，其犹太情妇也同样被处以火刑，'因为与犹太女性交媾被精确地等同于一个男性与狗交配'（Döpl. Theat. ii. p. 157）。达霍德将突厥人和萨拉森人也归为（与犹太人）同类的民族。"（Damhouder, *The Criminal Prosecution and Capital Punishment of Animals*, London, 1906, p. 152.）

413　Lea, *Middle Ages*, i, pp. 220, 221, etc.

414　W. Stubbs, *Charters*, p. 136.

415　G. B. Adams, *Political History*, London, 1905, p. 270.

416　他被告知在其统治的9年间，神职人员们犯下无数罪行，100名神职人员犯下谋杀罪，他们逃过了所有的惩罚，仅仅受到了教会法庭宣判的轻型罚款和监禁。（W. R. W. Stephens, *The English Church*, London, 1901, p. 165. William of Newburgh, lib. ii, H. C. Hamilton's ed., London, 1856, p. 130.）

417　比如说，在13世纪的罗厄姆村就有12名神职人员。（Augustus Jessopp, *Coming of the Friars*, London, 1889, p. 84. 同时参见 J. E. Thorold Rogers, *Six Centuries of Work and Wages*, i, pp. 24, 160, 161.）

418　Carte, *Hist.*, i. p. 581.

419　Eirikr Magnusson, *Thomas' Saga Erkibyskup*, i, p. 144, note.

420　William FitzStephen; J. C. Robertson, *Materials for the History of Thomas Becket*, iii, London, 1881, p. 45.

David Hume, *Hist. Eng.* i, London, 1818, p. 391.

421　参见 Herbertus de Boseham; Robertson, *Materials*, iii, pp. 264, 265.

422　Magnusson, *Thomas' Saga Erkibyskup*, i, p. 145.

423　William of Canterbury; Robertson's Materials, i, pp. 12, 13; Edward Grim; Robertson, ii, p. 375; Anonymous; Robertson, iv. p. 24; K. Norgate, *England under the Angevin Kings*, London, 1887, ii, p. 21.

424　R. de Diceto, *The Historical Works of Master Ralph de Diceto, Dean of London*, Stubbs's ed., London, 1876, vol. i, p. 313.

425　F. W. Maitland, *Eng. Hist. Rev.* vii, London, 1892, p. 226.

426　Stephens, *Hist. Eng. Church*, p. 166.

427　Nahum, i. 9.

428　Norgate, *Angevin Kings*, ii. p. 23.

429　Stephens, *Hist. Eng. Church*, p. 166.

430　Holdsworth, *Hist.*, i, p. 382.

431　Pollock and Maitland, *Hist.*, i, p. 442, and note 2, ed. of 1898.

432　James Gairdner, *The English Church*, London, 1902, p. 42.

433　Reeves, *Hist. Eng. Law*, iii, p. 41.

434　如果一位神职人员遭到控告，国王将收回他的财产直至他完成净化，之后财产一般都会被归还。（Hale, *Pleas of the Crown*, ii, p. 384）但是如果他进行潜行净化，或者说他在审判前就认罪，那么国王将保留他的财产，在其监禁生活期间，国王保有其田产收成。（A. T. Carter, *History of English Legal Institutions*, London, 1906, p. 255.）

435　Johnson, *Laws and Canons*, ii, p. 208.

436　2 Ed. I. c. 2.

437　4 Ed. I. c. 5.

438　出自里昂宗教会议的教规，1274 年。C. *Lugd*. c. 6.

439　其他关于对再婚排斥的例子，参见 Westermarck, *Moral Ideas*, ii, pp. 450,451; and E. S. Hartland, *Primitive Paternity*, i, p. 134.

440　Johnson, *Laws and Canons*, ii. p. 267.

441　25 Ed. III. c. 4.

442　例子参见 1378 年通过了一项法律（1 Ric. II. c. 15）反对礼拜期间逮捕牧师。

443　Archbishop Islip's *Constitutions*, A.D. 1351. Johnson, *Laws and Canons*, ii. p. 414, etc.

444　例子参见 F. C. Hingeston-Randolph, *Register of John de Grandisson, Bishop of Exeter*, Part ii, London, 1897, p. 1118.

445　比如说，他们不能由声名败坏之人指控，参见 C. Carthag. A.D. 390; Labbé, tom. iii, pp. 694, 870; C. Chalced. c. 21, A.D. 451; Labbé, tom. vi, p. 1229; C. *Trident*. Ses. 13, c. 7, A.D. 1551。有人抱怨称教会不能由世俗之人指控，二者也不能互相控诉。（Lea, *Studies in Church History*, pp. 208, 211.）

446　例子参见 Simon Fish, *Supplicacyon of Beggars*, written about 1529, J. M. Couper's ed., London, 1871, p. 12.
莎士比亚在 15 世纪的写作中提到这个问题：……你知道我们的国王在这里是主教的囚犯，在主教的手中，他拥有可观的用途和极大的自由。*Third Part of King Henry VI*. iv. 5. 同时参见 Hook, *Archbishops of Canterbury*, ii. p. 398.

447 J. C. Robertson, *Materials*, iv. p. 49; *Epist. Nicolaus de Monte*.

448 Coulton, *Chaucer*, p. 288.

449 Lea, *Studies in Church History*, p. 196.

450 Hale, *Pleas of the Crown*, ii. p. 384.

451 Pollock and Maitland, p. 444, ed. 1898. pp. 427, ed. 1895.

452 Riley, *Chronica Monasterii S. Albani*, iii. p. 48. 同时参见 Britton, Nichols'ed. p. 27.

453 4 Hen. IV. c. 3.

454 1 Hen. VII. c. 4.

455 4 Hen. VII. c. 13.

456 J. F. Stephen, *Hist. Crim. Law*, i, p. 463.

457 Holdsworth, *Hist.*, i, p. 382.

458 12 Hen. VII. c. 7.

459 4 Hen. VIII. c. 2, A.D. 1512.

460 T. Rymer, *Foedera*, tom. xiv, London, 1712, p. 239.

461 Lea, *Studies in Church History*, p. 189.

462 23 Hen. VIII. c. 11.

463 25 Hen. VIII. c. 3.

464 28 Hen. VIII. c. 1, s. 7.

465 "1533年非自然死亡的犯罪和1541年巫术被定为重罪。1603年重婚罪被定为重罪。"(Holdsworth, *Hist.*, i. p. 388.)

466　18 Eliz. c. 7.

467　特殊性的和道德性的控诉是通过星室法庭（3 亨利七世，第 1 章）（参见 Lingard, *Hist.*, vii. p. 377; Carter, *Outlines of English Legal History*, p. 101; Hudson, *Treatise on the Star Chamber*）以及令人厌恶的高级委员会法庭进行裁决（1 Eliz. c.1）(参见 Hale, *Precedents and Proceedings in Criminal Cases*, p. 1; 以及 Ecc. *Courts Comm.*,1883, p. 38.），高级委员会法庭会施加巨额罚款和严厉的惩罚，直至 1640 年，教会法庭和高级委员会法庭被推翻。（16 Car. I. c. 10 and 11.）

468　Blackstone, iv. p. 28.

469　1623 年詹姆斯一世的法令规定修女拥有一些津贴，参见 21 Jac. I. c. 6 in 1623.

470　10 & 11 Will. III. c. 23

471　5 Anne c. 6.

472　Carter, *Hist. Eng. Legal Inst.*, p. 247, ed. 1902.

473　J. F. Stephen, *Hist. Crim. Law*, i, p. 463.

474　4 Geo. I. c. 11.

475　Holdsworth, *Hist.*, p. 383.

476　J. F. Stephen, *Hist. Crim. Law*, p. 463.

477　19 Geo. III. c. 74, s. 3.

478　7 & 8 Geo. IV. c. 28, s. 6, A.D. 1827.

479　正如门格尔教授所言："没有什么比平等对待不平等更加不平等了。"

480　J. F. Stephen, *Hist. Crim. Law*, iii. p. 27.

481　William Andrews, *Old-Time Punishments*, p. 153.

482　参见 *Dictionary of National Biography*，亨利八世的一条法令中将其称为六股绳的鞭子，这种鞭子可能参考了用于绞刑的常用武器。

483　在旧的囚犯船上。

484　参见 Murray, *Dictionary*, vol. iv.

485　"刽子手，我命令你尤其注意这个女士。严厉地拷打她，直至她鲜血直流。那是圣诞节——一个女性脱衣会寒冷的季节。注意一定要让她的肩膀暖和起来。"（Andrews, *Old-Time Punishments*, p. 154.）

486　57 Geo. III. c. 75.

487　参见 Statute of Labourers, 25 Ed. III. c. 2.

488　L. Jewitt,"The Pillory and who they put in it," *The Reliquary*, i, April 1861, p. 210.

489　Besant, *Tudors*, p. 381.

490　Andrews, *Old-Time Punishments*, p. 68.

491　Jewitt, p. 213.

492　同上书，第 221 页。

493　56 Geo. III. c. 138.

494　7 Will. IV. and 1 Vict. c. 23.

495　Besant, *Mediæval London*, p. 354.

496　J. A. Rees, *The Grocery Trade*, London, 1910, p. 57.

497　W. Hudson, *Treatise on the Court of Star Chamber*, ii. p. 225.

498　Lea, *Hist. Inq. Middle Ages*, i. p. 441.

499　W. Hudson, *Treatise on the Court of Star Chamber*, ii. p. 225.

500　James Gairdner, *English Church*, p. 53.

501　Pike, *Hist.*, i. p. 237.

502　Barrington, *Observations the More Ancient Statutes, from Magna Charta to the Twenty-first of James I, Cap. XXXII, with an Appendix Being a Proposal for New Modelling the Statutes*, 1769, p. 422.

503　Andrews, *Old-Time Punishments*, p. 152.

504　同上书，第140页。

505　Jewitt, "Scolds and how they cured them," *Reliquary*, October 1860.

506　Andrews, *Old-Time Punishments*, p. 45.

507　Jewitt, "A few Notes on Ducking Stools," *Reliquary*, January 1861.

508　Holdsworth, *Hist.*, ii. p. 327.

509　Andrews, *Old-Time Punishments*, etc.

510　在美国的一些私刑中，一名受伤的女性将火柴置于木头上将一个犯罪的黑人烧死。

第二章 女巫审判

女巫的安息日

17世纪中叶，在曼宁特里生活着一个名为马修·霍普金斯的人，他的名字也许值得一记。

作为恶魔中真正的"光的使者"路西法[i]，他并不是绝对孤立的。他在德语里被称为施普伦格，西班牙语称为托尔克马达，意大利语称为格瑞兰杜斯，法语中是安克尔。

还有更广为人知的其他基督教徒中的迫害者，他们杀死了更多的人。

后来，霍普金斯到英格兰地区工作，当时的人们奉行了像现在大多数人所奉行的信条。那时，莎士比亚已经逝世超过一代人的时间，埃塞克斯的田野和路

---

i 路西法出现于《以赛亚书》第14章第12节；字面意思为黎明使者，即黎明时分出现的金星，又称启明星。意译为"光之使者"。*

"女巫发现者将军"
马修·霍普金斯

上的树已经长成了灌木丛林，随着春天的到来，它们还在长出新的枝叶。

霍普金斯展示了他那个时代的精神，因为人们明智地观察到，每个社会都有它应得的罪犯。他的同类仍然作为间谍、勒索者、叛徒和犹大部落的"友好原住民"，与我们同在。但是，他们从他们所生活的群体中获取伤害的力量，正如寄生虫需要一个合适的"寄主"来生长繁殖。

黑暗且迷信的时代一定为这个人提供了支持，因为他曾是一个专业的"发现者"，或者说，因为他有时被称为女巫找寻指挥官。他先是在他出生的村庄摧毁了六个人，我们无法确定是什么导致了这六人被害——可能他们是霍普金斯自己的敌人——道德改革一直是复仇的完美借口，近来也被广泛应用。

他们可能是年老的、古怪的、孤独的或是精神失常的；无论如何，他们一旦被抓住就必须死，在他们被折磨时受到牵连的，很有可能是任何他们方便给出名字的人。

伊丽莎白·克拉克

马修·霍普金斯的第一位受害者

这个新的发现者，名声广泛传播。城镇和数百个东部村庄，甚至是远在其边界之外的地方，无不寄信给这位堕落的天使："来吧，帮助我们！"随后，怪兽沿着血迹走去。他的习惯是在这些远征中由其他男性和一个女性搜索者陪同，他在仔细的个人检查中需要他们的帮助，尤其是针对女性的检查。

传说与魔鬼为伍的女性

《女巫和巫师的历史》，1720年

他向每个他到过的村庄公开征收20先令，不过在这一邪恶的行业中，无疑还存在其他盈利更多的敲诈方式。难道我们不能想象到人们为了避免控诉向他支付了多少钱？（正如当今他们对"性"勒索者进行贿赂一样）？谁知道有多少人可能会为了拯救他们所爱的人而不得不放弃他们仅有的一点财产，从而使他们免受这种指控所造成的常见的虐待和羞辱，甚至有可能是死亡？谁清楚被勒索的黄金会对执行审判产生怎样的影响？谁又能够说清那些女巫搜寻者会秘密地做些什么来毁灭敌人或是竞争者？到底是谁？

这只猛禽从一个地方飞到另一个地方，降落在宁静的家园，猎捕他选择的人。可怜的男人，但更多的是女性，他们或是独居者，或是养着一只黑猫的人，或是身上有胎记的人，又或是仅仅在身体结构上有些许不正常的人！可怜的古怪之人，那些遭受癫痫或是精神恍惚之人，那些精神错乱或是智力低下的人！更甚至，可怜的那些不管怎么说都要被控告的无辜之人！他们不幸地被打上巫术的烙印，随着瘟疫[1]的传染，关系会走向破裂；当时最为残暴的乌合之众会挤来挤去、一味追逐，他们对血腥的强烈欲望并没有因为其残忍中有些许基督教的信念而减弱。

受害者被他们逮捕并带去接受进一步的审讯，其间受尽虐待和折磨。其父母和孩子、同僚和爱人可能会偷偷地哭泣，最大胆的甚至会冒险谴责那些愚蠢的非法起诉——这一做法无疑会招致极大的危险。他们的怨诉无人理会，只能在绞刑架周围苦苦徘徊，直到最后一幕，一根绳子上挂着什么东西摇晃着。

寻找女巫"下沉或漂浮"的方法

但是,不知为何善良的马修大师开始不受欢迎了,其中原因可能有多种解释。可能他在选择其"受害者"时不太明智——因为似乎其中一人是一名老牧师——并且他活了下来,发现他们中的一些人并不像他想象的那样无依无靠。可能孤独无助的人已经用尽了,又或是由于他将自己的职业推广得如此之远,以至于他无法选出新的人才。

当然,"发现者们"不得不维持自己的声誉和收入,因此随着他的视野朝向更广阔的地区,越来越多的人开始意识到,他们将面临被控诉的危险,并开始对马修大师有所怀疑,他为何会拥有一双发现女巫的眼睛?

人群中开始出现一种流言,直至它传入受迫害人的耳朵中:这个人一定受到了恶魔的帮助,不然的话他不会搜寻到这么多人。

当马修大师看到他周围那些恶狠狠的眼睛里泛着的怒火,当他最终感受到曾经被他掌控且完美利用的可怕的迷信变得无法掌控且在强烈地对抗他之时,他也吓了一跳。所以在1647年,他出版印刷了一本小书,告诉我们:

第二章 女巫审判

为了这个王国的利益。

在这本小书的标题页,出现了一些晦涩的引用:

你们将不会忍受任何一个女巫活着。(《出埃及记》22卷,第18节)

我们最好还是先浏览一下他的书页,以及书中提到的——

有些问题已经回答了;有些问题则很可能会对马修·霍普金斯在寻找女巫的过程中产生不利影响。

问题一:他自己必须是最伟大的巫师、魔术师以及法师,不然的话他做不到这一切。

回答:如果撒旦的王国是由他自己分裂的,那么它怎么立足呢?

下一段很滑稽,因为它再一次强调了精神世界包含的粗略且绝对物质化的概念。

问题二：虽然他从来没有像前面所说的那样走得那么远，但他确实遇到了魔鬼，魔鬼又偷走了他的书，书里写着英格兰所有女巫的名字；但凡他看向任何一个女巫，他都能从她的面容看出她是什么人；因此，他受到了恶魔的帮助。

回答：如果他艰难地找到恶魔，从恶魔手中拿回了他的书，那么对他来说是巨大的荣幸，这一点也不丢脸。

一位英格兰女巫

需要注意的是，他并没有确切地否定这个报告，而是认为遇到恶魔悠闲自在地闲逛是不同寻常的。

第二章 女巫审判

他随即继续说道：

> 我们必须提出质疑他已经出现了很长时间，超越了6000年，他一定是在所有艺术和语言知识中最高的学者，因此他一定也有着最好的心理学知识，等等。

他辩解道，霍普金斯先生自身的学识，实际上是强加于他的。"这个发现者从未为此旅行过"，他为了回答第五个问题写道：

> 但是在1644年的3月，他却在他生活的城镇发现了7或8个可怕的巫术宗派……他们每隔6个星期，在晚上，就会在他们家的附近举行集会[2]，集会中他们会向恶魔进行他们自己的一些庄严献祭，某晚这位发现者听到某个女巫与她的小鬼们对话，就让他们去找另一名巫师；很快她就被那些对魔鬼记号了解多年的女人们逮捕并搜查，她们发现她有三颗乳头，这是老实女人不会有的。根据法官的命令，让

她睡了两三个晚上,希望在这段时间里她能与熟人见面,第四晚,她叫着他们几个的名字,[3]并在他们进来之前一刻钟,就告诉了他们,房间里有十个人。[4]

女巫们为魔鬼献祭

她第一个叫的人名是霍尔特,它像一只白色小猫走进来。第 2 个人名是贾马拉,它像一只没有腿的田野猎犬走了进来……第 3

个人名是维尼格·汤姆，它如同一只长腿的灰犬，它的头像公牛，有长长的尾巴和大大的眼睛，当这个发现者和他对话并命令他为他和他的使者提供场所时，它立马变成了一个没有头的四岁孩子，围着房子转了6圈，就在房顶消失了。第4个人名是赛克和舒格，像一只黑色的兔子。第5个人名是纽维思，像一只波尔猫。

所有这些都在一瞬间消失。紧接着，这个女巫供认出了其他几个女巫，她从她们那里得到了她的小鬼并向不同的女人说出了她们的标记……还有小顽童的名字，比如伊莱曼泽·皮瓦克特、皇冠派克、格瑞泽尔·格瑞迪古特，等等；这些是凡人无法创造的……

其中有29个顽童被当场判死罪，4个顽童被带去25千米以外，在其"发现者"生活的地方被处以绞刑，因为他们派了一个像熊一样的魔鬼在他的花园里杀死了他；因此，通过观察不同的男人的乳头并尝试了数百种不同的方法，他获得了经验。

女巫的安息日

尽管他的处理方式,在整个不列颠岛上(the Continent)而言,与法庭上的审讯官们所惯用的可怕且难以想象的酷刑相比还算温和,他的受害者仍然被施以最残忍的诱捕和处理。[5] 因为她们是女巫,所以她们理应不哭泣,尽管她们的确被给予了足够的泪水。[6] 这一关联中值得注意的是雪莱,[7] 有多么精确我不清楚,曾暗指受刑者"干巴巴的僵硬眼球"。哈钦森[8]认为,这种现象的存在是因为长期缺乏睡眠造成的极度疲倦。毫无疑问,调查的冗长乏味,加上受害者的年迈,很容易解释他们为何会在真正需要流泪的时候却毫无眼泪。

人们认为他们的身体里有一个没有知觉的部分,[9]而那些检查者们会在他们身上戳来戳去,试图找出答案。尤其是,一名女巫被确定身上某个地方有"魔鬼的印记","在他们身体上的某个大的地方他(那些熟悉者、小鬼或幽灵)吮吸着他们"。[10]这一所谓的"印记"几乎可以是任何东西,也可能什么都不是;这个印记可以是异常的、遗传的,是乳头或是胎记、痣、旧伤疤,甚至眼睑下的小静脉。它们被认为有漂浮着"游泳"的能力。

他们大多是干瘪的老人,穿着久未洗涤的油渍衣服。[11]这样的裙子可能会留有很多的空间;他们可能会为了穿着合适而束缚它,或者就像奥菲利亚[ii]那样敞着,宽松地膨胀着。他们很可能就这样被支撑起来了(且因为他们大多又穷又瘦,那本沉重的、有时还被锁着的《圣经》,在这场神明审判中会像磅秤一样压倒他们)。但是那些神判既多变

---

ii 奥菲利亚是莎士比亚戏剧《哈姆雷特》中的一个人物。*

又危险，除非他们能够小心翼翼地操作。霍普金斯先生热衷于使用水验，这是漫长折磨和考验的最后一关和最后的证据。

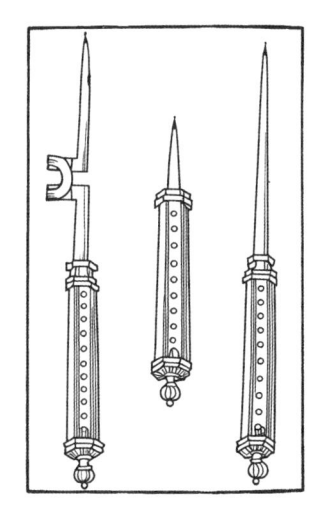

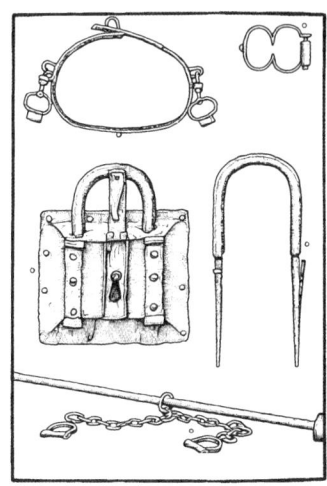

历史上女巫认定的检查工具

但是据说，某天来了几个勇敢的英国人，他们可能已经失去了至亲，他们抓住了那个女巫搜寻者，把他绑在一个袋子里扔进了池塘。

在那些野蛮的时代，干涉任何形式的宗教审判都是一种大胆的行为。无论是天主教徒还是清教徒，无疑都需要冒很大的风险。

不过这种情况只出现了一下子，因为在他们面前，那个可怕的女巫搜寻者就浮到了水面上；所有人都宣称魔鬼找到了他自己，但是这样的结尾完全是意料之外且非同寻常的；在霍普金斯先生看来，这真是倒霉透顶的事。如果他只选择正确的人，只针对那些被孤立的或不受欢迎的人，他的地位就是无懈可击的，因为这些人本来就是可以被合法地牺牲掉的。在他看来，他做的所有事原本都是合法且合规的。

巫术就像许多违背宗教和道德的行为，一直以来都是一种宗教上的违法行为，它在世俗法庭中以导致谋杀和个人伤害为由被处罚。[12]1541年，巫术被定为一种罪。[13]但是真正奏效是在1603年的最新法律中，这份法令用古怪的语言规定，禁止"雇佣、抚养或者是奖励恶魔和邪恶的灵魂"[14]。违者，将被处以死刑。[15]自从国会法院承认女巫的存在，通过法律的形式来调查指控并搜查"鬼灵"就成为必要。[16]因此，霍普金斯可以被称为一个道德改革者，他使得国王的法令生效；他可以清晰地按照自己的目的来引用《圣经》经文，法官和狱警顺从他的召唤，立法议会则等待着判决他的囚犯。如果他的方法看起来迷信或是野蛮，他可能就会借用铂金斯先生的方法，[17]或者他会在这些问题上提到金凯德先生的惯例，[18]他也会引用站在他那边的前辈的标准化作品。[19]

传说1590年一群女巫密谋用魔法谋杀了苏格兰的詹姆斯六世

因此，他似乎真的有一个可以挣钱且安全的工作，而这个工作建立在人们的偏见之上。因为人们的迷信，他成功了，也正是因为人们的迷信他完完全全地且无人同情地倒下了。[20]这并非他的可怕的结局,而是"上帝的考验",这表明他也将他自己送到了恶魔那里。用塞缪尔·巴特勒刻薄的话说,他是一个"在证明自己是女巫之后,为自己的屁股做了一根棍子"[21]的人。

不过现在,撇开这个特殊的"寄生虫"不谈,我们可以回顾一下对这个问题的思考过程。对巫术的信仰是如此古老和普遍,以至于现存的宗教,或者说所有的宗教几乎都是在它的影响中产生的。[22]

随着时间的推移,基督教会解决了这个问题,并且精心设计了一套考验和补救的仪式。[23]

直到基督教存在了近1500年之后时,英诺森八世教皇[24]颁布了一个特殊的诏书,下令反对所有所谓的女巫(1484年12月5日),其中提名了一个名叫施普伦格的人,她是一名多明我会的修女,还有一个名叫克拉玛尔的人——她的名字被拉丁化为总管——审判官要找到她们并进行惩罚;他们用了可怕的酷刑来做这件事。

1498年左右,他们写了一本关于他们使用的方法和"发现者"的教科书,他们让刑讯室忙得不可开交,让柴火昼夜熊熊燃烧。

中世纪早期的女巫审讯室

中世纪女巫审讯室内的酷刑

宗教裁判所内一名被指控为女巫的女性

1563年，他们的书得到了克莱斯公爵的医生约翰·威尔的回复。[25]他驳斥了许多流行的粗鄙迷信，并指出魔鬼欺骗了人们，使许多人坦白了不可能的事情。[26]同样地，女巫们并没有真正地导致那些被指控是她们造成的疾病和灾难，但她们甚至承认造成了这些。[27]最初，这部著作仅仅引发了争议和责骂——这是一个提前的阶段，然而，最受冤枉的人通常是毫无防卫能力的，他们在沉默中走向灭亡，没有人为他们说话。

女巫审判中的冷水酷刑

1580年，伯丁——一位法国作家——发表了对威尔博士最激烈的抨击，他声明威尔是一名足球运动员的学生，他受到了恶魔的驱使。他反复重复所有古老传奇的故事都是真的，在他所提出的骇人听闻的调查程序中，他使用了任何比他更早期的审讯官都未凌驾的各种各样令人痛苦的折磨方式。

随后，英格兰的雷金纳德·史考特在1584年回应了伯丁，他写了一篇关于女巫迫害的长篇且具有感染力的评论，在文章中他引用了大量施普伦格、伯丁和不列颠岛上的折磨者的案例。他在文章中富于至理的言论以及现代的案例，对巫术试验和审判的理由提出了质疑。

尽管距离英诺森八世教皇发布他的诏书仅仅过去了一个世纪，但很多穷苦之人，有些在那时还没有出生的人就已经注定仍然要遭受审判和折磨。

又过了一个多世纪，法律才开始远离女巫。在那之前，那些受折磨的、半疯的或是不受欢迎的老妇人可以把面包屑扔给雪地上的麻雀，或者养只猫而不会有死亡的危险。

1597年，国王詹姆斯在他还年轻的时候，对斯科特和威尔都提出了反对意见。

讲到他们时，他说：

> 一个叫作斯科特的英国人，他不耻于在公众面前发表否认巫术这种东西的言论，所以，他坚持撒都该人否定鬼魂的古老错误。另外一个叫作威尔的德国人，为所有这些行骗的人公开道歉——为了让他们逍遥法外，他显然背叛了自己曾经也是这一职业的从事者的事实。6

年后，他那早已提到过的荒唐的法律出台了，最终得到了议会的全部支持。"[28]

1631年，施佩神父严厉批评了对德国人的审讯，他随即匿名出版了一本书，抑制了法庭的狂热与残酷。[29]

但是，身为国王的牧师约瑟夫·格兰维尔再次为他们辩护。[30] 几乎同一时间，贝克医生——一名生活在荷兰的牧师编纂了四册关于巫术的书。[31] 他主张，无论是恶魔还是灵魂都能够作用于人类。在英格兰，10年之后，理查德·巴克斯特[32]写了《圣徒的安息》和其他广为流传的福音派著作，他的作品支持了巫术学院派的奇怪信仰。

到这个时候，在英国逐渐减弱的巫术迫害，却已经在美国的塞勒姆爆发了。我们发现科顿·马瑟（像格兰维尔一样，一个牧师和英国皇家学会会员）写了一本小书[33]来解释它们（恶魔与灵魂）的存在[34]（以及他自己的行为，很多都是受到怀疑的），基于此，正如他古雅地说道，在这个大陆上朝圣的神父们，"想象着他们会将其子孙留在一个他们永远

塞勒姆女巫审判案

不会见到亵渎或受迷信伤害的地方"。美洲对于19个人处决的记载表明,其中有一个可怜的人被压死了,还有剩下的那些不幸的嫌疑人则被丢进监狱。[35]

这表明,这种凶残的"复兴"之狂热如何像流行病一样席卷了整个殖民地。[36]因此,在15个月的时间里,空气中似乎充满了歇斯底里的情绪,这是一种冷酷的评论。

但是进化甚至也对禁忌和迷信起到了作用,这可能也是最后一次广泛性的巫术迫害,哈钦森主教

塞勒姆女巫审判现场

发表了学术性著作《历史论文》,因为它主要在讲述过去的事。[37]然而,正如它通常所做的那样,这项法律迟于詹姆斯一世(1603年)的法令,正如哈钦森所写的那样,它在1718年"才生效"。

这项法律延续了18年之久,直到1736年废止。[38]在爱尔兰,它延续到1821年。巫术显然仍然由神学维持着。那些真正相信魔鬼存在的人(甚至那些质疑女巫信仰的人,也认为魔鬼是活生生存在的)无处不在地制造恶作剧并伪装着,他们很容易接受那些关于妖精灵魂的故事。[39]那些把希伯来语和基督教的记载看作启示的人,不能不理会附身和巫术。[40]安克尔说道:

> 对话结束后,魔法师和巫师的正确做法,是否令人难以置信?[41]

马修·海尔先生在他的总结中说道:

> 世界上的确存在女巫这种生物,他对此深信不疑。首先,因为《圣经》经文中已经十分肯定了;其次,所有民族智者都已经为了对抗这样的女巫形成了法律,这是他们相信这样一种罪行的理由。[42]

哈利·卢辛顿·斯蒂芬[43]提到了一个特殊的案例,他引用了如下坎贝尔的话:

> ……在审判中,公诉人的欺诈行为暴露了。海尔的动机是最值得赞赏的;但是他打造了一

个源于迷信的恶作剧中最难忘的例子。他害怕被赦免或者是被原谅,唯恐那些不相信巫术的人得到支持,对于他来说不相信巫术就等同于不信仰基督教。

格兰维尔[44]也站在同一立场,他从《圣经》的观点出发,进行了极具独创性的辩论(例如,在探讨关于未受洗儿童命运的某些教义时)。他在书的第二部分开始写道:

> 是否有女巫,这一问题并非一个无意义的怀疑,也并非无关重要的时刻,而是一个关乎全局且重要性极大的问题。因为这一问题的解决仰赖于我们法律的权威,更重要的是,这与我们的信仰和其主要教义是密切相关的。

能够被称之为巫术或者说巫师们的宗教信仰的东西,[45]比有关他们的刑法更古老,[46]这是一种与折磨他们完全不同的事情。哈丁顿的约翰·布朗牧师(1703—1791)曾抱怨詹姆斯国王法案的废除。[47]

甚至约翰·韦斯利（1722—1787）也表示，放弃巫师实际上相当于放弃了圣经。[48]

我们在他主编杂志[49]的第366页中读到：

> 我将用我最后的一口气作证，反对向异教徒交出一个无形世界的有力证据。我指的是巫术和幽灵，所有时代的证据都证实了它们的存在。[50]

与魔鬼共舞的女巫

赫胥黎[51]暗指当时一位牧师，一直在宣扬恶魔的力量。而实际上的巫术迫害也没有完全停止，尽管英国的最后一次法律审判发生在1712年[52]（莱基[53]记载了欧洲最后一次执行死刑发生在1782年的瑞士；另外一位作家提到发生于波兹南[54]，时间是1793年），零散的暴行还在这个国家继续，现在则是以一种改良的形式在延续。[55]1895年，[56]在

年迈或独居女性更容易受到巫术迫害

爱尔兰的克伦梅尔，一个可怜的老妇人被她自己的家人放在厨房的火上烧死，她正是死于这种迫害之风的影响。[57]但是，曾经虔诚的习俗和义务最终变成了犯罪，（据我回忆）最后这次巫师审判的主谋被判了20年的苦刑。

女巫和魔鬼正在做钉子使一个男孩瘸腿

《女巫和巫师的历史》，1720年

像巫术这样普遍的信仰,显然是建立在积极现象之上的。探讨在特殊情况下目前还未知的超自然力量,或者是在X射线和无线电报以外能够发现的更多东西,都并非我们的目的。因为,虽然关于小鬼、魔鬼、扫帚和黑猫的古老理念显然可笑,尽管在需要的时候,不管那些异常的力量是什么都不能起作用,但依我们目前的知识水平,天地间可能有许多事情是我们做梦也想不到的,但是,普通的女巫案件似乎都可以通过审查来解决——

(a)有癔症的人——有时候是一群人——他们会想象任何事、控告任何人,甚至包括他们自己。这样的人也通常喜欢吞针或是其他东西,其中一些可以穿过身体并从身体的各个部分出来。[58]这将被认为是恶魔代理人的有力证据。很多这样的人可能遭受癫痫、全身僵硬症——有时还伴有对疼痛的奇怪麻木,[59]这是癔症的明显症状,折磨者也会注意到这一点——以及一般的神经疾病。

(b)"明智的女人"[60],接生婆,好的和坏的医生可能会求助于符咒[61]——根据那个时代的习俗,就像在野蛮人中一样,魔法[62]和医学不可分割地结

女巫向魔鬼展示蜡娃娃

《女巫和巫师的历史》，1720 年

合在一起（就像现在老女人治疗疣一样）有时毫无疑问地，他们会准备和施用真正的毒药。[63] 每当发生什么不寻常的事情时，他们总是容易被指责为在某种程度上与那个通晓一切的魔鬼做了交易。[64] 他们有时候声称拥有女巫的力量并试图获得支持或保护，从而免受恐惧威胁，他们欺骗他人，也经常欺骗自己。[65]

女巫盛宴

《女巫和巫师的历史》，1720年

（c）私下的敌人们，[66] 被指控为操弄巫术，[67] 或者任何被认为与之密切相关[68]的犯罪组织[69]都是最容易毁灭的。[70]

（d）通过蓄意的阴谋，为了利益而被指控的人。假装被女巫施了魔法，说出一些无罪者的名字是恶作剧的起因，是一种很普遍的罪行，早期的评论家给出了很多骇人听闻的例子。[71]

第二章　女巫审判　189

（e）受害者的主体。[72] 那些活得比家人和朋友都久的老妇人，她们无助且孤独。[73] 因为年老而变丑，因为体弱变得不干净，头脑古怪，因为幻想而疯狂，四肢麻痹，或者是思想游离。[74] 所有这些或者说是岛上近乎一半这样的老人，都总是因为他们的不幸而容易遭受控告。[75] 在那样的时代，他们是悲惨的替罪羊，从癫痫病发作到夏天的冰雹，一切可能发生的事都要归罪于他们。[76]

被指控操弄巫术的女性

这是一种很容易就能被归罪于人的罪行，也很容易就能被击退，因此，每当当权者想要毁灭弱者的时候，……只能指控他们使用巫术来毁灭他们。（麦基,《大众妄想》，第109页）

一个叫加百列·诺德的人——"红衣主教马萨林的已故图书馆管理员"写了一本名为《魔法的历史》的书：

逮捕女巫

为所有从创世到现在一直被不公正地称为魔法师的智者道歉。

1657年，J.达维斯于伦敦出版了该书的英译本。

（f）被那些受折磨的囚犯告发的人们。正如我们所见，控告就意味着审讯，审讯有两个目标：强迫被怀疑的女巫"认罪"；强迫她供出共犯者。有些人可能立马就认罪了，这样做是为了得到处决（招供的方式早已为人所知，而且招供越是荒诞复杂，逃脱酷刑的机会也就越大）。另外一些人自然会否认参与了他们从未参与过的可憎之事，其中大多数确实是不可能参与的。毫无疑问，几乎他们所有的人都会为了抵制他们不幸的朋友受牵连而进行长期且无望的斗争，即便是无罪的，他们的那些朋友可能是其他人群的敌人。就是这样，人类那不幸的聪明才智以其无知和迷信被强加于这些悲惨的受害者。一位法兰克国王曾经尝试过一种可怕方式，[77] 就是在指甲下面钉上锋利的钉子。[78] 就此，他坚称，往往是在极度的痛苦中才能引发忏悔，很有可能的确如此。

苏格兰女巫的公开绞刑

（g）其他的审讯者找到了他们自己满意的方式，抛出几乎尽可能多样的问题，他们可能会从这些尖叫和胡言乱语中编造出他们所期待和促成的故事，并把更多的嫌疑犯送上刑架。[79] 不足为奇的是，之后迫害蔓延。[80] 年迈者和精神失常者总是受害者，她们中的任何一个都可能被认为是一名女巫，或者被带到刑讯室里审讯——可能会被她的一个挚友审讯。[81]

广受推崇的所有"证据"以及那些将其聚集在一起的骇人听闻的方式将任何一个不太正常的人都置于持续的危险中,这也说明受牵连者的数量为何如此之多。莱基说道:

> 成千上万的受害者,[82]死于那些最可怕最长时间的折磨,却没有受到一丁点儿的同情。仅仅是在德国的一个城市,他们就曾每年烧死300名女巫。[83]在南锡,800名女巫在一名法官16年的审讯程序后被处以死刑。[84]
>
> 扎卡里·格雷[85]编纂了一版《胡迪布拉斯》,声称在长期议会(1640—1660)期间,每年会处决500名女巫,他曾经在一份清单中看到不止3000名的女巫名字。[86]大不列颠岛上的全部女巫数量大概是3万名,[87]16和17世纪欧洲[88]女巫死亡名册上的数量估计达到20万。[89]可能那些杂闻能更加形象地让我们理解那些错误的黑暗时代发生了什么。听听这位法国作家[90]的抱怨,他显然认为自己正在接近"最后的日子"。

焚烧女巫

　　巫术曾如此的受欢迎过吗,就像在这不幸的十六世纪一样?我们法庭的板凳都被他们诋毁了;没有足够的裁判官去听审这些案件。

　　我们的监狱填满了女巫,甚至不到一天的时间,我们的搜查令上就沾满了她们的鲜血,我们悲伤着回到我们的家,因她们所供认的恐怖且骇人听闻的事情而感到震惊。

第二章　女巫审判

在我们自己的土地上，大约是50年后，我们偶然发现了一封在1647年写给艾德蒙·斯宾塞先生的信：

> 在两年的时间内，仅仅是在埃塞克斯和萨福克两地，就有近300名女巫遭到控告，大部分遭到了处决。苏格兰现在的处决比以往任何时候都多，每天都有优秀的人被处决。[91]

女巫见面并施展咒语

同样地，正是在苏格兰，曾经有一个"用三把锁锁着，每隔15天打开一次的箱子"[92]，它可能是用来接收秘密检举的，正如威尼斯的里昂之口一样。1661年，法官们被下令至少一次用一周的时间到特定的城镇听审女巫案件。[93]

女巫审判结束了，就此而言，我们可以站在历史的高度来回望这片吞噬了无数鲜活生命的迷信血

近代早期苏格兰女巫宣传

《女巫和巫师的历史》，1720年

海，认为它是完全无用的，是如此没有必要！[94]但它也绝非难以解释的。这种潜在的、挑衅的现象确实存在于大量的案例中（而当它们不存在的时候，就会被狂热地构思、暗示、寻找和强迫，以至于在原告身上或有时在被告身上产生各种各样的幻觉），在没有找到他们的借口情况下[95]，或明显或潜藏的。

神职人员和法官，当然民众也一样地给出了一个错误和奇迹的解释（所有这些的持续，自然而然是没有改变的。[96]在我们中间，现在至少还有很多不正常的和半疯的人，只不过我们对那些更清楚的情况表现得友善一些，不再害怕神话的影响），虽然这些都被放大了几百万倍，因为迷信是一只靠吃东西生长的怪物。他们对这些问题的解释令人难以置信，剩下的人自然而然地默默跟随——在那些残忍的时代，折磨就像十字架考验一样普遍，神学博士和法学博士都做出了错误的诊断，把疾病当成恶魔，把反常当成魔法。

如今，我们还会再次偶然碰见这些现象，就近在手边。希望未来会责备现在，就像我们现在谴责过去一样。

安息日仪式

代表魔鬼的山羊位于中心，周围环绕着女巫和恶魔

【注释】

1 "他们独自死去,无人同情,"莱基说道"……他们的亲信都害怕被他们玷污、诅咒。"(Lecky, *History of Rationalism*, London, 1865, p. 149.)

2 中世纪的欧洲的确存在一些类似于酒神狂欢的集会,这些集会保留了古老的仪式和自然崇拜。关于卡尔·皮尔森教授长篇且博学的解释,参见 Karl Pearson, *The Chances of Death*, London, 1897.

3 通常这些名字是院子里的家养宠物或动物。对于一个被怀疑的人而言,在冬雪中喂养麻雀甚至也是危险的。一些这样的证据参见 R. 伯纳德的《大法官指南》(伦敦,1627年,第 235 页)等。那些可怜的巫师们,在无眠的痛苦和折磨中,最终说出也做出了他们已经预料到的事情。例子参见 F. Hutchinson, *An Historical Essay concerning Witchcraft*, London, 1718, pp. 37, 57.

4 关于联想与想象的案例,参见 G. le Bon, *Revue scientifique*, March 26 and April 2, 1910.

5 雅各布·施普伦格和亨利·克雷默描述了整个丑陋而邪恶的程序。(J. Sprenger and H. Institor, *Malleus Malificarum*, about 1485 – 89. Frankfort ed., 1580.Paulus Grillandus, *De sortilegiis*, lib. 4, *De questionibus et tortura*, Lyons, 1533.J. Bodin, *De la démonomanie des sorciers*, Paris, 1580.)

R. Scot, *The Discoverie of Witchcraftm*, London, 1584. B. Nicholson's edition. London, 1886.H. Boguet, *Discours des sorciers*, Lyons, 1608.

6 让·艾蒂安·多米尼克·埃斯基罗尔认为这是一种精神失常的症状。参见 E. K. Hunt's translation of *Mental Maladies*, Philadelphia, 1845, p. 245; R. Scot, *Descoverie Booke*, ii. chaps, v. - viii; Bodin, Démonomanie, p. 170; James I., *Daemonologie*, p. 81; H. Boguet, chap. xlvi.

7 Shelley, *The Cenci*.

8 Hutchinson, *Historical Essay*, p. 139.

9 J. P. Migne, *Encyclopédie théologique*, vol. xlix. tome second, Paris, 1848, p. 72. 查尔斯·麦凯注意到，"老年人身上有一个完全没有感情的地方，这在当时和现在都是司空见惯的事"，参见 Charles Mackay, *Popular, Delusions*, London, 1869, p. 137. 在苏格兰有一些女巫搜寻者以"常见的刺"闻名，参见 Charles Mackay, *Popular, Delusions*, London, 1869, p. 146.

10 Michael Dalton, *The Countrey Justice*, London, 1618, p. 242; James I., *Daemonologie*, p. 80; Matthew Hopkins quoted, p. 33, ante; *Sinistrari of Ameno Demoniality*, p. 27. J. Liseux, trans. Paris, 1879; D. Neal, *History of New England*, London, 1747, p. 137.

11 Hutchinson, *Essay*, p. 138.

12 T. Wright, *Dame Alice Kyteler*, London, Camden Society, 1843, vol. xxiv.

13　H. L. Stephen, *State Trials*, vol. i. London, 1899, p. 211.

14　Hutchinson, p. 34.

15　关于巫术长篇且有趣的论述，参见 *Ency. Brit. ninth* ed.

16　理查德·罗伊斯顿的长篇论述中引用了这份法令，其中评论了德尔·里奥和铂金斯的证据。参见 R. Royston, *Advertisement to Jurymen of England*. London, 1653.

17　Cotton Mather, *The Wonders of the Invisible World*, Boston.

18　James Williams, *Ency. Brit.*, ninth ed. vol. xxiv. p. 622. 金凯德是"常见的刺"（或者说是专业搜寻者）中的一个，这样的人在那个迷信的时代是非常多的。

19　关于例子，参见 Michael Dalton, *The Countrey Justice*, p. 242; Richard Bernard, *A Guide to Grand Jurymen*, p. 240.

20　关于他专心的故事是否属实，不可置疑的是他死了，且被人蔑视，声名扫地。

21　Samuel Butler, *Hudibras*, Part iii. chap. iii.

22　这种信仰可能源自史前的大母神崇拜。关于女性的巫师，参见 Karl Pearson, *Chances of Death*.

23　驱魔等充满了古代的色彩，就说明了这一点，关于这一点参见 Paul Regnard, *Les Maladies épidémiques de l'esprit*, Paris, 1887.

24　虽然教皇针对女巫颁布了法律，比如约翰二十二世、英诺森八世、尤里乌斯二世和阿德里安六世，但新教徒是非常具有报复心的。例如，"疯子、瘸子、瞎子和哑巴都被魔鬼附身。那些认为这些疾病是自然原因引起的医生们就是不知道魔鬼力量的傻瓜"。参见 J. Michelet, *Life of Luther*, bk. v. chap. vi. 我们将随后探讨英国和美国清教神学家的作品。

25 John Wier, Chapters xi., xiv., etc.; French edition of 1579.

26 这一理论首先由乔治·吉福德提出，参见 George Gifford, *A Discourse of the Subtill Practices of Devilles by Witches and Sorcerers*, London, 1587, etc.

27 一本书揭示了魔鬼是如何狡猾地欺骗女巫还有其他许多人，参见 *A Dialogue Concerning Witches and Witchcraft*, London, 1603. 关于对超自然现象存疑的观点，参见 John Webster, *Displaying of supposed Witchcraft*, 1677.

28 1609年，一个可怕的组织在波尔多和西部工党周围地区肆虐法国。参见 P. de l'Ancre, *Tableau de l'inconstance den Mauvais Anges*, 1612. 在路易十四世统治时期的1679年，可怕的"火热的房间"被建立起来，持续到1682年。拉·雷尼，治安部门的中将，是一名积极活跃的审讯者。参见 F. Funck-Brentano, *Princes and Poisoners*; G. Maidment, trans. London, 1901.

29 *Cautio Criminalis*, 1631.

30 Saducisimis Triumphatus, 1681.

31 德语版本，1681年；法语译本参见 Dr. Bekker, *Le Monde enchanté*, Amsterdam, 1684.

32 Richard Baxter, *The Certainty of the World of Spirits*, London, 1691.

33 Cotton Mather, *The Wonders of the Invisible World: Observations upon the Nature, the Number, and the Operations of the Devils*.

34　R. Calef, *More Wonders of the Invisible World*, London, 1700.

35　D. Neal, *History of New England*.——"监狱很难承载那些被控告者的数量。"

36　就像1861年发生在萨沃伊的莫津斯小村附近的事一样，参见 A Constans, *Une Relation sur une épidémie d'hystério-démonopathie*, Paris, 1863. 马登博士在他的《空想》中给出了一段关于各种各样历史性爆发的解释，参见 R. Madden, *Phantasmata*, chap.x. "Maniacal Epidemics, etc." London, 1857. E. Pronier, *Étude sur la contagion de la Folie*, Lausanne, 1892. L. F. Calmeil, *De la Folie*, Paris, 1845.

37　Hutchinson, *An Historical Essay concerning Witchcraft*.

38　Lecky, *History of Rationalism*.

39　据说一位中世纪的作家曾计算过各种恶魔的精确数量，他声称共有7405926个。（Jules Garinet, *Histoire de la Magie*, Paris, 1818, p. 28.）另一位学者宣称一共有六个主要类型的恶魔。（R. Madden, *Phantasmata*, p. 293.）另一位作家提出了有2665866746664位恶魔。（P. Carus, *History of the Devil*, London, 1900, p. 346.）

40　"如果其中一些最邪恶的行为不是真正发生的，而是具有欺骗性，那么针对它们颁布的法律将是徒劳的，而法律的制定者本身，甚至反对上帝本人，也会扭转这种虚荣心；这是极端的亵渎。"（B. de Spina, *Quaestio de strigibus*, Rome, 1576, p. 8.）

41　P. de l'Ancre, *Sortilège*, p. 599. Paris, 1622.

42　Matthew Hale, *A Tryall of Witches*, 10th *March* 1664, Kt. Appendix by C. Clark, London, 1838, p. 20.

43　H. L. Stephen, *State Trials*, i.

44　Glanvil, *Saducismus Triumphatus*.

45　罗马天主教关于巫术和恶魔灵魂的观点，参见 R. R. Madden, *Phantasmata*, chap. ix.

46　A. Chalmers, *Biographical Dict*. art. "Cotton Mather." London, 1815.

47　"我们不禁感叹，我们中的一个教派认为废除针对巫术的刑事法规不仅是一种邪恶，而且是一种罪恶……1743年分离者颁布了一项法案（1766年在格拉斯哥重印）。这个法案中包括每年的罪行的供认……在国家和个人的罪行中，有……反对巫术的刑法已被议会废除，这违反了上帝明确的律法。"（H. Arnot, *Criminal Trials in Scotland*, Edinburgh, 1785, p. 370.）

48　Lecky, *History of Rationalism*, p. 134.

49　Arminian Magazine, v, London, 1782, p. 366.

50　摩尔博士在他的《反无神论的解毒剂》中也运用了同样的观点，参见 H. More, *Antidote against Atheism*, lib. iii. chap. Ii, London, 1653.

51　Huxley, *Lay Sermons*, London, 1870.

52　H.L. Stephen, *State Trials*.

53　Lecky, *History of Rationalism*, chap. i.

54　J. Williams, *Ency. Brit.*, ninth ed. art. "Witchcraft."

55　Mackay, *Delusions*, pp. 184, 187, etc.

56　*History of Rationalism*, p. 4, etc.

57　参见 E. F. Benson, *Nineteenth Century*, vol. xxxvii. June 1895; 1850年，一个基本相似的案例发生在塔布斯城，参见 *History of Rationalism*, p. 4.

58　"这是一种怎样的热病，会使人浑身扎满针？"（Calef, *More Wonders*, p. 5.）

59　斯科特引用了一段来自格瑞兰杜斯的可怕段落，他写到"当女巫们睡着且感觉不到折磨的痛苦时"，"主啊你将会打开我的嘴唇"。因此，他说道，折磨会被感受到，真相也会被说出。（*Discoverie of Witchcraft*, p. 17.）然后我们在德尔里奥的作品中发现："他告诉我……1599年，一名年轻的女巫被抓获，她的脚没有感受到最强烈的灼烧感，也没有感受到最强烈的激情；直到牧师在某人的建议下，将一尊蜡像扔进那只受祝福的羔羊的脖子里，因为护身符的神圣力量使魔鬼的诡计被摆脱了，她开始感受到痛苦的力量。"（*Disquisitionum magicarum*, Venice, 1616, p. 184.）格尼认为对于痛苦的无感有时可能是因为自我催眠症。参见 E. Gurney, *Phantasms of the Living*, p. 181.

60　已经提到过的，例子参见 *Twelfth Night*.

61　E. Gurney, *Phantasms of the Living*, p. 183.

62　中世纪的女巫是助产士，巫师是医生。（P. Christian, *Histoire de la magie*, Paris, 1871, p. 400.）

63　Lecky, *History of Rationalism*, p. 77.

64　卡列夫——戈登·马瑟的对立者，引用了一个这种类型的例子。某个玛格丽特·鲁莱，被癫痫病缠身："有几个邻居很大胆，怀疑这是在附近的一所房子里发生的恶作剧，房子里住着一个可怜的女人，她以前曾因涉嫌使用巫术而被关进监狱，她经常通过念叨一些咒语来治愈十分痛苦的伤，那些咒语是我不敢冒险伤害我的读者而重复的。"（R. Calef, *More Wonders of the Invisible World*, Boston, 1700, p. 3.）

65　参见 O. M. Hueffer, *The Book of Witches*, London, 1908.

66　参见理查德三世的法令。

67　参见亨利八世对亨格福特勋爵的完整控诉，亨格福特与托马斯·克伦威尔一起在伦敦塔被斩首。

68　J. Bodin, *Démonologie*, Paris, 1580, p. 60.

69　关于这些罪犯的类型"他们是那些发现自己被咒语笼罩的人"，参见 P. de l'Ancre, Seconde Considération.; P. de l'Ancre, *Tableau de l'inconstance des Mauvais Anges*, Paris, 1612.

70　萨满教等，参见 Elie Reclus, *Primitive* Folk, London, 1889, pp. 68, 70.

71　在这类案件中，得到的证据是最不公正或最腐坏的。参见 *Concilium Biterrense* of A.D. 1246, c. 12. Labbé, tom. xxiii, p. 718.

72　Scot, *Discoverie*, bk. i. chap. iii

73　几乎都是贫穷、悲惨的老妇人，参见 Glanvil, *Saducismus*, p. 29.

74　"常见的刺"中的一人宣称："没有人曾和她们谈话过，

她们并非女巫。"（Mackay, *Delusions*, p. 147.）

75　特别是因为她们经常假装或真的相信力量和诅咒，由于在物质方面非常无助，她们求助于超自然的恐怖来获得帮助，并被恐惧地看着。

76　各种各样的人会被控告巫术，博格特说，"承认他们在安息日制造冰雹是为了破坏大地的果实。"（Boguet, *Discours des sorciers*, p. 144.）暴风雨被认为是由恶魔引发的："就是雷雨时敲钟习惯的由来。"（L. F. A. Maury, *La Magie*, Paris, 1860, p. 102.）

77　Bodin, *Démonologie*, p. 171.

78　Scot, *Discoverie*, p. 17. 这种方式同样也被用于詹姆斯一世之前的一位被指控为巫师的囚犯。（Lecky, *History of Rationalism*, p. 114.）

79　早期的涉及女巫审判的审讯者之一带这一位朋友去见证拷打。像一个实验，他问那个囚犯，他的同伴，一个完全陌生的人，是不是她的帮凶之一，那个可怜的家伙呻吟着说他是。

80　"魔鬼是一个如此好的主人，我们不能将如此多的他们送入火中，以免其他人从他们的灰烬中重生。"（Florimonde de Raemond, *Antichrist*, Lyons, 1597, p. 103.）

81　下层阶级的妇女常常祈祷自己不要活到老。年迈、贫穷或者是半疯癫状态已经足以保证她们死于火刑或是绞刑了。（Mackay, *Delusions*, p. 116.）

82　*History of Rationalism*, p. 3.

83　Mackay, *Delusions*, p. 159.

84　Lecky, *History of Rationalism*, p. 4.

85　W. B. Gerish, A *Hertfordshire Witch*, London, 1906.

86　Mackay, *Delusions*, p. 139.

87　H. C. Lea, *History of the Inquisition in Spain*, New York, 1907.

88　W. F. Poole, *Salem Witchcraft*, Boston, 1869.

89　据说有30万的女性因为英诺森1484年的法令被屠杀。参见《钱伯斯百科全书》中一篇重要的文章：*Chamber's Encyclopædia*, x. ed. of 1901, p. 698.

90　F. de Raemond, *L'Antichrist*, p. 102; 一位作家曾估计过生活在欧洲的巫师大约是180万。（Calmeil, tom. i. p. 217.）

91　James Howell, *Familiar Letters*, 1688.

92　Scot, *Discoverie*, p. 16.

93　*Ency. Brit.* ninth ed. vol. xxiv. p. 622.

94　"废止该法的宪章一制定，所有被赋予那些遭受年龄、贫困压迫的老妇人的荒谬想象力就消失了。"（H. Arnot, *Criminal Trials*, p. 369.）

95　后来的格尼先生，心理研究协会的成员，在一次更加广泛的调查之后称："在完全缺少可信的证据，且缺少任何一手证据的情况下，对于那些不能被解释为病态想象、歇斯底里、催眠，偶尔也可能是心灵感应的结果的魔法和巫术现象。"（*Phantasms of the Living*, i. p. 172.）

96　参见 E. B. Tylor, *Primitive Culture*, ii. p. 130.

第三章 疯癫者的治疗

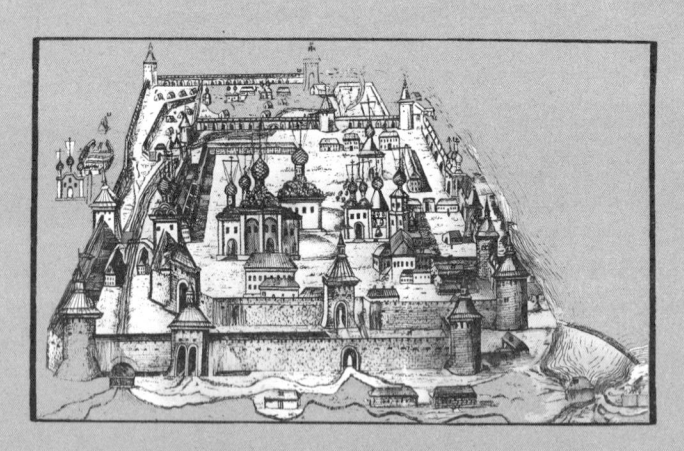

古代俄罗斯关押精神病患者的监禁场所

就像不正常的人或理性的古怪之人被认为是女巫或魔鬼的门徒一样，那些显然失去知觉的人也被认为受他们体内的恶魔所控制。无论是女巫还是癫狂的人，都被认为受到了地狱力量的支配，但前者被认为是魔鬼的自愿代理人，而后者则是不自觉的受害者，他们都被认为着了魔。

三个女巫与她们的宠物

古埃及通过萨图恩神庙[1]、古希腊通过阿斯克勒庇俄斯神、古罗马通过异教徒的法律[2]来人性化地治疗精神病人,即使没有现代科学的帮助,至少也要依靠我们今天所采用的同样广泛的原则。

中世纪用放血来治疗精神疾病

在东方土地温暖的阳光下，人们的生活是在户外度过的。正如我们在《圣经》和旅行书籍中读到的那样，那些疯癫之人可能生活在墓地里。他可能会在月光下清净的柏树林中游荡，或是躺在午后热浪翻涌的棕榈树荫下。他过着独居生活，就像被孤立的人一样，由于他与亲人不确定的关系，但是他至少生活在户外和阳光下。由于被认为是在上帝的监护下，[3]他得到了相当特殊的许可。[4]但是那些让疯子们陷入麻烦的行为常常会激起报复的本能，[5]并给他们带来迅速而沉重的惩罚。[6]

在欧洲大陆和英格兰，不太危险的疯癫者如"乞丐和流浪者是被允许在乡村游荡[7]提供娱乐[8]和被嘲弄的"。我们从莎士比亚的作品中窥见——

可怜的汤姆[9]受控于令人厌恶的恶魔，后者发怒时会让他内心暴动，导致他会吃游泳的青蛙、蟾蜍、蝌蚪、墙上的蜥蜴和水里的娃娃鱼，他还会吃牛屎做的饼，吃鼠类和流浪狗，喝泥潭中的绿水；[10]他被鞭打，从一件事鞭打到另一件事，被像牲畜一样对待，被惩罚，被监禁。[11]

第三章　疯癫者的治疗　　215

古代俄罗斯用木棍殴打精神病人

当时这样的受难者如此之多，毫无疑问，他们中的一些人，不顾残酷的法律，会有一种不可抗拒的自杀冲动，这种冲动在疯子中很常见。因此，在大自然的仁慈下，许多最痛苦的人一定已经被从他们没有参与的人类世界中带走了。

但如果说那些愚蠢的穷人是被允许四处游荡的,[12] 富裕阶层的那些人将不会那么幸运了。他们的家庭会因此而感到羞愧且以之为耻,他们被藏在阁楼和地窖里,或是被单独囚禁起来,又或是被锁在棚屋甚至屋外——被绑在周边的任何地方。[13]

中世纪精神病人被捆绑囚禁

那里确实有治疗精神病人的药,其中一些药可能被加到了女巫的坩埚里。[14]其中不太令人恶心的是狼和狮子的鲜肉,[15]正因为我们的萨克森祖先善于药剂学,我们发现了丁香、林地鼠尾草以及药用芍药。[16]还有曼德拉草,围绕着这些药草,有许多故事是根据它和人类的相似之处编出来的。他们说:

> 对于无知,也就是说,对于恶魔的疾病或恶魔的附身,从身体中取出同样的麦草曼德拉草,按三便士的重量,放在温水中喝,只要他觉得方便就行;他很快就会痊愈的。[17]

毫无疑问,在所有文明中,最严重的精神错乱者将不得不去社区接受护理。[18]早期的基督徒在他们的教堂里照顾他们,在教堂里他们属于特殊的部分,[19]他们在那里得到食物,"他们住在教堂,那里似乎就是他们的主要居所"[20]。

在修道院里,僧侣在某种程度上照顾他们。[21]但是无论他们会使用什么样的药物还是其他治疗方法,那个时候关于精神失常的主要看法是被恶魔附身了。治疗的目标就是驱赶恶魔，为了完成目标他们似乎已经求助了各种不协调的"疗法"，这些疗法既是超自然的也是物理性的。[22]

中世纪的驱魔仪式

最强大的精神武器往往都是驱魔术，这是所有宗教的原始艺术，在早期的基督徒也实行驱魔。

在第三个世纪，驱魔人形成了一种特殊的秩序。[23]我们读到：

中世纪女性被认为更容易受魔鬼附身

当一个驱魔人被任命，他将立马从主教那里收到一本有关驱魔方式的书。这些形式是特定的段落，加上以基督之名的恳求，命令不洁的灵魂离开被附身的人。

这些习俗持续了几个世纪，形成了无数关于中世纪圣人和教师的传说和故事的主题。[24]

尽管这样的行为似乎已经中止了，但关于驱魔术的古老意识并没有消亡。[25]

我们阅读之时必须注意到这一点，[26]比如说：

牧师祛除了水和盐，因此而从撒旦的权力中退出，自堕落以来，撒旦已经腐化甚至是滥用了无生命的东西。[27]但是，除了教会所使用的这些神秘的和精神的武器之外，还有一些更具有肉体性质的武器。

晚上，病人们被绑在令人敬畏的十字架上，到第二天早上他们就被治愈了。[28]

在各种教堂里，他们都被绑在石头上，或被浸入圣井里——这一习俗从康沃尔时代持续到现代。他们被当作朝圣者送到圣殿,[29] 在一些圣殿中他们会接受常规的治疗,音乐通常是一种重要的手段。[30] 教堂还可能提供一些更极端的疗法,这些疗法与其说是依靠圣人的力量,不如说是依靠魔鬼的人性弱点。

像这样,在草药配方和所有被鼓吹为精神错乱的、难以形容的肮脏混合物中,[31] 我们发现了下面这个处方,它的效果绝不是想象出来的:

> 万一有人疯了,就取一块猪皮或海豚皮,做成鞭子,用鞭子抽打那人,他很快就会好起来的。阿门。

据说,在一座修道院中,由僧侣控制的疯癫者每天会遭受 10 鞭子击打。[32]

鞭笞精神错乱的人有各种各样的理由。迷信地认为,鞭笞是为了驱逐魔鬼,甚至是为了吓跑疾病;从治疗上看,因为痛感和击打通常会遏制病人的疯癫,尽管这仅仅是暂时的;直觉上讲,作

恶魔被驱赶出人体

为一种对其管理者情绪的缓解。在驱魔被摒弃很久之后,我们还会再遇到这些治疗性的、残酷的鞭笞,尽管它曾在基督教世界流行了1600多年。要理解它,我们必须将视角转向野蛮人。

原始人类[33]就像孩子,会将任何事拟人化。疾病似乎是一类个体——就像欺骗性的梦[34]中宙斯送来了阿伽门农——一种"东西","以一种看不见的形式被抽出来,在火中燃烧或扔进水里"。

这是一个无形的敌人,然而,人性的局限使它在前进的道路上被荆棘阻挡。[35]如果所有形式的物理性疾病都被视为生物或是从个人心魔发出的,那么像精神错乱这样可怕而神秘的痛苦,就更会被认为是魔鬼的存在和直接的手段了。[36]

对于原始人类的思想而言,所有种类的恶魔都离人类很近,可以非常生动地感知且十分的真实,非常常见,这在现代意义上被认为有精神的存在。它们被认为是鲜活和可移动的。[37]因此在野蛮人中,"死者的灵魂被认为是容易受到打击,伤害,且像其他生物一样容易被驱使的"[38],恶魔会被驱逐出房子,被吓走逃到森林中或是其他黑暗之处。[39]

中世纪教士持棍殴打魔鬼

中世纪深重的迷信思想不外乎这些。在主流的想象中，甚至是最大的反对者或者说控诉者——撒旦——他被弥尔顿恢复了恶灵的角色[40]，也只不过是个可怜的生物、可怜的恶魔。[41]

"他"就像哑剧里的警察一样，总是被智胜，[42]然后被最肤浅的含糊话糊弄。[43]他打了一个人，[44]但是被打败且征服了。[45]他拿石头瞄准邓斯坦，但没打中，[46]当邓斯坦用钳子抓住他的鼻子时，他的吼叫方圆三英里都能听到。[47]当他被圣水洒到的时候发出号叫[48]，然后路德把墨水瓶朝他的头扔去。[49]

第三章 疯癫者的治疗　225

圣邓斯坦用炽热铁钳夹住魔鬼的鼻子

这个像人一样的怪物当然会感到痛苦,当它以人形住在人身中时,它应该也能感受到受难者的痛苦。[50]

恶魔(或者说是他的代表者)可能会从男性或女性身上被驱逐出去,会被下令脱离被入侵身体的每个部分。[51]人们认为,当被附身的人蜷缩在盐水或是被鞭笞的时候,[52]恶魔会痛苦地扭动。[53]诅咒和鞭刑注定要落到它们身上,[54]直至最后,经过了不可忍受的折磨后,它们从最近的洞口逃离了被附体者的身体。[55]

魔鬼逃走了

第三章 疯癫者的治疗

这种残忍而野蛮的驱逐"恶魔"的方式已经持续了很久，在一些乡下人的心中，这种信仰可能还没有消亡。霍桑描写了 17 世纪的清教徒[56]，他写到狱警"的确，她就想被鬼附体了一样，我几乎没办法用鞭子把撒旦从她身上赶出去"。但也有很多时候驱魔失败，即便是鞭笞也无济于事。

被魔鬼选中的不幸之人

然后，疯癫者就必须被绑起来，遭受一系列的治疗[57]——说它是某种虐待应该更接近于事实。无疑，他们总是致力于让更棘手的病人镇静下来，如果不能让他们回到理性，至少也让他们变得有序。

安德鲁·布尔德在其《健康的管理》中写道：

> 我的确注意到了每个疯狂的、狂热的人或是恶魔，被困在一些封闭的房子或房间里，那里几乎没有光，里面有一个让疯子都害怕的守护者。[58]

我们在莎士比亚的写作中注意到同样的观点：

> 我们会将他置于一间黑房子里，然后绑起来。[59]

这是对疯子最直接的观点，亲戚、僧侣和看守者将其以各种方式关在任何地方。正如我们所知，很多人被当作女巫或是犯罪者处置了，他们会被置于门房和监狱中。[60]

在那里，他们可能会为其他囚犯提供可怕的消遣。[61]在那里，有时候还有人给他们下药，让他们不再胡言乱语。[62]在那里，有时候他们会被送去医院[63]，只因有热病和意外事故发生。[64]

随着时间的推移，随着人口的扩散、乡镇的发展，人们发现旧时的精神病院不够用了。疯癫者的数量在增长，整个乡村都被填满了，一切都封闭起来。从一个地方到另一个地方鞭笞已经变得无效了，

14世纪遭受酷刑的女巫

除了修道院、监狱和医院，没有其他可用的公共场所。[65]1247年，主教盖特建立了贝特莱姆的圣·玛丽修道院，疯癫者在这里生活并得到照料，至少从1403年开始是这样的。[66]

无疑，也有其他的地方用于疯癫者的庇护所，比如说，托尔建立的圣·凯瑟琳修道院。[67]据说，在那里，"他们照料那些状态较好的疯癫者"。

但是，不到18世纪中叶，[68]那些阴森森的圆形建筑就开始建立起来，只为拘禁这些疯癫者。[69]

中世纪修道院收容和治疗病人

康诺利博士说:

> 它们是监狱,但却是最糟糕的监狱。墙上的小洞,没有玻璃,或是上釉的或是没有釉,有着坚固的铁栏把守,狭窄的走廊,黑暗的牢房,荒凉的庭院,没有树木,没有灌木,没有花,也没有草。[71]

> 独居或是陪伴是如此的不分青红皂白,以至于是比隔离更糟糕的;手持鞭子的可怕侍从……可以残忍且随心所欲地给人们带上镣铐、执行鞭笞;肮脏、半饥饿、绞杀和逍遥法外的杀人犯——在整个欧洲这都是这类建筑的特点。[70]

那些被称为理论性疗法的治疗已经足够糟糕了,那些不能被治愈的人只能被克制住。[72] 布尔哈夫和卡伦的研究也承认了这一点,后者就曾写道:

> 恐惧是一种削弱兴奋的激情,因此可以与过度的恐惧相对立,尤其是与疯子的愤怒和暴

躁的兴奋相对立。这些比所预料的更容易受到恐惧的影响，在我看来这通常很有用。[73]

人们希望"对他们产生某种敬畏"[74]，他宣称"有时甚至需要鞭打和打击来获取它"[75]。这就是已经提及过的治疗性鞭笞。[76]

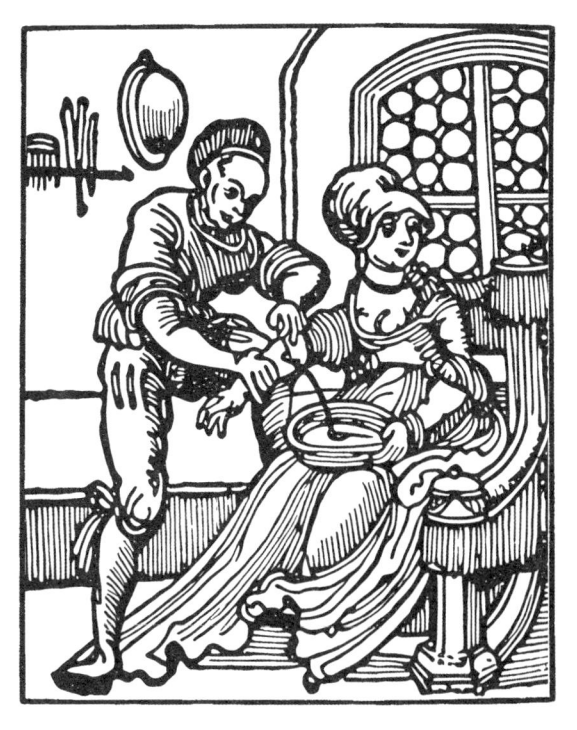

中世纪的放血疗法

中世纪的环钻疗法

电击、恐惧、暴热、流血、净化、使用链条以及所有束缚捆绑的方式[77]——这些都是使用过的方式并被载入教科书来治疗精神错乱之人。[78]在1765年的《绅士》杂志中[79]，我们了解到，在私人精神病院——

> 在没有任何官方授权的情况下，人们被强行带到这些房子里，很快被一群经过野蛮训练且没有人性的恶棍抓住，赤裸着接受鞭笞，并被送进黑屋子。

那个时代的医生是如此无知，以至于对待精神错乱者的残酷暴行甚至施加到了国王身上。18世纪的实例被马西先生记载下来：

> 精神疾病在当时是一门很难理解的技术分支，对于疯癫者的特殊治疗在医学的蛮荒时代是值得称赞的。不幸的病人（英王乔治三世）——对于他来说最糟糕的天国造访已经降临——已经不再被作为人类治疗。他的身体很快被包裹进一个机器里，没有任何活动的自由。有的时候他被捆绑在木桩上。他遭到频繁的暴打和饥饿，至少说他被恐吓和暴力的语言控制住了。[80]

像大多数的疯癫者一样，他无疑是十分恼怒的；有一次他不停歇地说了18个小时。

但是他所有的苦恼都因被虐待加剧了；[81]他们将他丢下，由一名德国的仆人捶打，[82]第一批医生甚至不让他见自己的孩子，可怜的老人对此抱怨说"非常严重"[83]。

第三章 疯癫者的治疗　235

这就是正统疗法在国土最高权力者身上的应用。但是最糟糕的行为是发生在厚墙背后的。

比奇在他的私人出版物上说：

> 神智健全之人，经常被囚禁于这些精神病院中，因为人们经常自己利用这些设施[85]来摆脱一个棘手的亲戚或是为了某些利己的目的。[84]

真正的疯狂又是什么呢？[86]——易怒的，暴力的，无理的，无助的，通常来说是对身体支配思想的功能没有什么控制力的。

我们可以想象，当他们被无知的修炼者和野蛮的随从掌控时，他们的状态会是什么样子，锁链和约束工具既方便又准备妥当。他们与所有亲友隔绝，在疮痍下蠕动，在排泄物中腐烂。[87]有时——主要是在安息日的休息和聚会之后——他们可能会被带到一个院子里，[88]在极寒的天气中被置于桶中擦拭浸泡。[89]

起居室和病房的情况[90]常常是这样的，来访者一进入就会感到身体不适。[91]但在那些私人监狱里，这种情况很少见。[92] 墙后从不欢迎陌生人,在约克精神病院[93]——1777年这里曾是一场特殊瘟疫的爆发地并因此被烧毁。[94]

据说,为避免公开披露,这所精神病院可能吊死了它的看守者们。[95] 这发生在1814—1813年推行的一条规定之后——

在没有医生签字的特殊指令时,不允许任何人[96]探视病人。

官方访问者通常来时都是没有伤害性的。[97] 约克最差的房间还没有向他们展示。[98] 因为大多数的小型精神病院根本就没有那种房间。[99]

18世纪期间或者至迟到19世纪,甚至是更大一些的公共精神病院也都是可怕残忍和疏于看管的建筑。可怜的病人们躺在牢房的稻草上,或是躺在他们被绑着的木架子上。[100] 很多人都是赤裸着身体,或是只盖了一张毯子。[101] 在病房中,他们的手腕或是脚踝常常被链子束缚在墙上,有时候可能是双手双脚都被绑住。[102]

第三章　疯癫者的治疗

贝特莱姆的一名病人[103]，是一名凶悍有力的男子，名叫诺里斯，在与一名醉酒的看守者吵架之后，他的胳膊肩膀被卡进由纽盖特监狱得来的一个铁框中。[104]

这个装置[105]还有一根环绕他脖子的长12英寸的铁链，他床头的墙上竖着一根铁棒，铁棒上附有一个环。[106]他的右腿被固定在他躺着的架子上，这样做的结果就是病人可以在铁环和短铁链所允许的范围内上下活动，但是他的一只脚不能离开墙壁，只能仰卧着休息。

康诺利博士说：

> 在这种束缚之下，他已经活了12年。据说在大多数的时间里，他的谈话都是理智的。终于等到解脱了，但他却仅仅活了一年左右。令人痛惜的是，这种长期持续的惩罚得到了医院所有主管部门的认可。没有什么能比这更有力地说明，经常目睹残酷的强大后果，以及当人们被允许行使不负责的权力时，内心所经历的过程。[107]

被捆绑起来的精神病人

医务人员的工资很低，而且也相应地不受重视。在我们正在讨论的年代——也就是18世纪末和19世纪初——精神病院的医生的工资每年只有100英镑。[108]

然而，他维持一个私营精神病院，有时还有几个月的时间离开公共机构。[109]其中一名外科医生被描述为"几近疯癫，经常是喝醉的状态"，尽管如此，他还是在那里待了10年。[110]

医生们如此不受重视且麻木不仁——当时也没有牧师[111]——毫不奇怪，那些不幸的病人完全落入了其看守者和身边随从的控制中，而这些人大多是十分粗鲁的，他们被那些精神错乱的囚犯的令人恼怒的行为弄得不耐烦，变得野蛮残暴。

本能和报复性的攻击（是第三类，在本书的第215页提到过），袭击甚至可能是谋杀，包括那些已经提到的痛苦和无限的控制束缚，都是非常普遍的。[112]

一名医生发明并引进了一种特殊的仪器，用来强制喂食时撬开病人的嘴。他提到，按照常规

滥用残酷治疗手段的私人精神病院

19世纪初期修建的新贝斯莱姆疯人院

的程序，牙齿很容易被折断，有些病人"两边的下颌之间都没有门牙"[113]。

18世纪[114]——到1770年——毫无疑问，在一些地方甚至到更晚的时代，精神病患者都会被算作其中的"风景"[115]。公众花钱[116]去参观精神病院，就像他们现在去看野兽一样。[117]

达官显贵参观疯人院

他们中更卑劣、更有恶意的人会故意激怒被关在笼子里的病人，就像他们的后代直到今天还在戏弄笼子里的动物一样。[118]

然后，再生产他们那可怕的分销项目——

展示再也找不到的疯狂表现,因为它们不是简单的疾病产物,而是由于管理不善而加剧的疾病。

这样的经营方式,似乎已经在当时广泛存在了。[119]为了取悦参观者,在日内瓦[120]一些精神病患者会被喂食草和其他可怕之物。

这同样发生在比塞特医院[121],以及德国的某些地区,等等。[122]"夏朗顿之家"就曾一度因其表演而臭名昭著,[123]他们的表演喧哗而暴躁,吸引了极其怪诞可笑的观众前来。

1811年,他们的演出被禁。

高墙将黑暗内幕笼罩多年,但一如既往地,最后光明还是悄悄溜了进来。[124]

1793年,皮内尔解开了比塞特医院里病人的枷锁。前面已经提到,国内的约克精神病院开始有了坏名声。

1788年,它招致了雷夫·威廉·马森[125]的批判。[126]

1791年,一名女病患的朋友希望去看望她。但没有被允许,理由是她的情况不适合陌生人来看望。

但可能并非如此！几周后，报道发来她的死讯。[127]这名女病患属于公谊会[i]，关于她监禁的可疑情况引发了贵格会信徒极大的愤怒。

疯人院内混乱的场景

不久之后，威廉·图克为解决该问题，提出他们应该拥有一所自己的医院。静修所始于1792年，其人道且文明的方法很快与旧有机构惯用的野蛮而诡秘的管理方式形成对比。

---

i 即新教教派贵格会或教友派。*

1792年威廉·图克创建的静修所

但是随着时间的流逝,病人渐渐衰弱,甚至死亡。正是在1813年,塞缪尔·图克——静修所创建者之孙——出版了一本关于静修所系统的小书。[128]

(这本书)激发了大众普遍的兴趣,事实上,也完成了梅森及其友人尽所有才能和公益精神都未能完成的事情。它还有更好的影响。这本书中一段毫无敌意的段落却似乎引发了约克精神病院医生的憎恶,随后来自这名绅士的一封书信便发表于某份约克报刊上[129]，这封书信遂成为该机构管理者之间争论的起因，这场争论于1814年8月终结，经过了几近两年的争论，其结果是旧制度被彻底推翻，除了那名医生本人，疯人院的所有官员都被免职。[130]

这场冲突曾被其他人再次挑起继续。1813年尾，戈弗雷·希金斯先生提出了一桩被指控行为不端的案件，希金斯本人是西雷丁（西区）的行政官员。

（在27名行政官面前），希金斯先生的报告得到陈述，随后，那所房子里被指控的仆人被召回、宣誓。他们否认指控的真实性，他们没有索取其他的证据，仆人们的誓词也没有做任何会议记录。

接下来通过的决议是：

行政官考虑了《约克报》及其他报刊发表的关于威廉·维卡治疗的报告，他是这个精神病院近期的一名患者……全体一致的意见是……他受到了尽可能多的照顾、关注和人道主义关怀。[131]

这是无济于事的,郡里有13位乡绅主动捐款,凭借此举他们有资格担任行政官。这些新人将投票强加于一项调查,尽管这帮老流氓从来没有得到他们应得的惩罚,为了掩盖他们的罪行,据说他们放火烧毁了疯人院。

然而,他们终归还是被赶出了自己的职位,因此,很快调查就变成了全国性的。

1814年,乔治·罗斯先生提出了一项规范精神病院的法案,该法案在下议院通过。但是疯人院的官方权威反对此举,为此他们花费了600多英镑。[132]我们很快就会看到他们充分的理由。

约克精神病院的管理者——他们其中的19位,包括大主教——为了反对法案递交了一份请愿书;而勇敢无畏的希金斯先生则递交了一封站在自己立场,并亲笔签名的请愿书。[133]该法案被上议院否决了,[134]但随后,下议院成立了一个委员会,收集了我们之前所引用的不可思议且令人惊愕的证据。罗斯先生于1815年发表报告，[135]尽管疯人院委员会正式地宣称其官员做的所有事和做的被忽略的事是无罪的，甚至连他们放在诺里斯嘴里的那件可怕的仪器也矢口否认。[136]但是这激起了非官方公众的愤怒，因而许多最糟糕的虐待行为很快就得到了纠正。

罗斯先生于1818年逝世，次年，永利先生提出了另一项法案，然而这项法案遭到了艾尔顿爵士的反对，他指出"对于精神错乱的人来说，没有比过度人性更虚假的人性了"[137]。我们将会在后文再次论及艾尔顿爵士的论点。

该法案遭遇了像前一项法案一样的命运。直到多年后，戈登先生经过努力通过了一项改进精神病院法案，这发生于1828年。[138]尽管直到19世纪中叶，虐待行为仍在持续[139]，许多议会法案随后也被提出。[140]我们所说的那些残酷的恶魔仍在继续犯罪，像他们先前习惯的那样，以更小的规模开展着。

大约在1838年，林肯疯人院[141]的加德纳·希尔医生拆除了束缚病人的机械，次年，康诺利医生[142]也在汉威尔做出此举。在这一点上，他们自然是遭到了医学界的反对。[143]但新的思想和观念不断涌现，至今仍在治疗精神错乱方面起着作用。

在此之前，心灵和身体一直被认为是两个独立的东西。人们不再相信魔鬼的干预，但他们对"精神有病"含糊其词。由于通常无法检测出身体上的伤害，"普遍的观点似乎得到了证实，它（精神障碍）是一种难以理解的精神疾病，因此是一种无法治愈的疾病"[144]。

19世纪初的一位医学作家[145]可能会提到他参加过一些讲座，医生在讲座中宣称，对于性欲亢进，医疗和药物都是没有用的，因为这是一种精神疾病，而不是身体疾病。毫无疑问，对自由意志和神学的恐惧隐约可见。

哈利迪医生说道：

> ……许多非常有才能的人都被人类普遍的观念带偏了，他们逃避对这个问题的彻底研究，因为这个问题似乎会使他们怀疑思想的非物质性，这是一条在他们自己的感觉中如此明显的真理，而且也是由神的启示明确确立的真理。[146]

痛苦不堪的精神病人

我们不应该转向迷宫,也不应该试图解决"思想"的含义。但是我们知道的是,对于我们当前的理解力而言,思想只能由身体支配。

这样的思想最初是怎么形成的,如果它还能重燃,那么,这些至关重要的问题可能永远不会得到回答;无论如何,它们远在我们认知范畴之外。

随着专家对证据的检验和研究,形而上学和道德观念逐渐被抛在脑后。

19世纪的一名作家写道:

……精神错乱，已经不再作为一种理解力上的疾病，而是神经中枢系统的疾病，理解力的行使取决于未受损的中枢神经。出问题的是大脑，而不是思想。[147]

精神病院里的精神病人

温特医生说：

古老的观念认为精神错乱的发生，既非思想功能受损，也不会对思想功能产生损伤，这一观点一直以来都在探索。[148]

精神错乱的生理根源——

> 逐渐被接受。其疯癫现象也得到更细节地研究，它与其他精神状态的关系已经确立，而这些精神状态在当时还没有被认为是精神错乱……迄今为止，精神错乱的标准已经十分宽泛，其证据一般都是松散的、通俗的；但是当它得到充分的认知后，精神错乱成为一种研究这一学科的医生特别熟悉的疾病时，专家证据就变得越来越重要。从那时起，专家证据将在每一个案件中都变得重要。如此一来，关于精神错乱新的医学观点与古老狭隘的法庭观念得以接触，而一场犯罪法领域的争论随之而起，至少是在英格兰，争论至今未决。[149]

报复的本能是不容易被不可靠的推理或证据所抑制的。假定在一切物质条件下都有选择的自由；假设在任何情况下男女全部都承担责任；拒绝承认任何不正常的状态，除非他的状态十分极端且难以控制，以至于他在法庭上对他的行为和周围环境都没有意识——在这样的情况下,法官们都是捍卫自己立场的。因此,新的理论[150]受到争议和嘲笑,它建立的关于精神正常的随意标准与所有事实及专家证据都不一致。[151]

一些人声称,专家们所发现的更微妙、更令人惊讶的疯狂或失常形式,只不过是旧有精神失常的新名称而已。[152]其他人则断言,任何物理性(身体性)的东西都不可作为开脱的理由。斯莫利特希望所有犯了重罪的疯子都能受到"法律的一般处罚"。对此,图克先生在评论中指出:

> 对于区分自愿行为和非自愿行为,……区分动机和结果的完全失能,已经暴露无遗。不幸的是,这对于斯莫利特来说并不奇怪。[153]

而我可能会补充说,这种本能的感觉还在继续——就像所有本能东西通常会有的一样。转而看看一位还在世的作家的作品(1908年),我们得出如下的结论:

近年来某一派的思想家[154]……创设了关于许多危险罪犯和谋杀犯的法律责任或是无责任的理论，这些理论被更为实践性的研究者反对是很正常的。

于是，这位无知无畏的作家继续用无知的口吻说下去：

甚至是精神病院的病患都很了解对与错之间的区别。而恰恰是根据这样的认知，这些机构的管理和纪律才得以建立。因此，任何刑事无责的理论都不应得到允许，以免放松对危险罪犯关押的安全性和严密性。无论他们是神志正常的，还是部分精神失常的，还是完全疯了的。

重要的是要注意，即使是疯了的谋杀犯的待遇和状况也不应该成为吸引外界之人的东西。

但是确凿的科学事实依然存在。

中世纪的酷刑

天啊，好心的史杜威夫人，施加于弱者和无助者身上的不公正和残暴并没有将上帝神显的盛怒降于各国。

但是，古老假设的明显错误和中世纪方法的持续失败，不可能通过无休止的岁月来掩盖。慢慢地，科学之光开始渗透到刑罚的暗处。

完全疯狂的人首先被当作病人来解救和治疗，现在令人高兴的是，我们不再关心这些了：他们的案子属于医学，而不是犯罪学。对于半疯癫的人，我们正处于缓慢改变和过渡的状态。他们的错误行为，早已为精神病学家所知，也正在进入法律体系。国务卿格莱斯通委员会的报告中说道：

> 犯罪的原因和处理，是诸多深奥和科学研究的主题。它提出的许多问题目前实际上是无法解决的。一些罪犯是无药可救的，可能确实如此，就像一些疾病是无法治愈的一样，如此来说犯罪是一种疾病，是身体缺陷的结果这一理论的默许也并非不可理喻。但是犯罪人类学作为一门科学，它还处于萌芽阶段……[155]

19世纪的精神病院内部

关于精神反常，我们只是站在正义的门槛上，而如神学的和本能的诸多原因阻挡了人们了解事实。

我们可能会从进化的过程中得到宽慰：在进化过程中，暴力性的疯癫（在广义和一般意义上都使用这个词）不再采用驱魔和折磨的手段治疗；在这一过程中，反常的疯癫者也不再因为人们反对的想象而被烧死和折磨；在进化过程中，人们正在考虑将弱智者和有些精神错乱的人隔离在特殊的地方，从而将其与健康的罪犯分开；基于大量的证据，专家已经确定了先天情绪失常和绝对的精神失常；这一认知正在悄悄地传播，在整个文明世界，这一认知正在被受过教育的人们了解并接纳。

【注释】

1　J. B. Tuke in the *Ency. Brit.*

2　E. Westermarck, *The Origin and Development of the Moral Ideas*, i. p. 269.

3　E. B. Tylor, *Primitive Culture*, ii. p. 117.

4　E. Westermarck, *The Origin and Development of the Moral Ideas*, i. p. 270.

5　案例"觉醒的沉睡者"的故事，参见 *Arabian Nights*.

6　关于疯癫者受到各个部落折磨的严重性，参见 E. Westermarck, *The Origin and Development of the Moral Ideas*, i. p. 271.

7　John Conolly, *Treatment of the Insane*, London, 1856, p. 4.

8　"他们负责巡回审判会议、宴会和其他时候向访问者提供娱乐。"（F. Beach, *Psychology in John Hunter's Time*, Hunterian Oration. London, 1891, p. 4.）

9　关于这些游荡的汤姆疯子的解释，参见 Isaac D'Israeli, *Curiosities of Literature*, ii, London, 1849, p. 343.

10　"来啊，来到守灵之夜，集市和市镇。可怜的汤姆，你的角是干涸的。"（*Lear*, iii. 6.）

11　*Lear*, iii. 4.

12　Walter Besant, *London in the Eighteenth Century*, London, 1902, p. 378.

13　这种事情持续到 19 世纪，参见 D. H. Tuke, *Chapters in the*

History of the Insane, London, 1882, p, 128.

14　例子参见 W. Besant, *London in the Time of the Stuarts*, London, 1903, p. 236. 关于"被幽灵追赶的人特别肮脏的混合物",参见 Cockayne, i. p. 365.

15　Oswald Cockayne, *Leechdoms, Wort Gunning, and Starcraft*, London, 1864, pp. 361, 365.

16　Cockayne, pp. 101, 161, 169.

17　Cockayne, i. p. 249.

18　Tylor, *Primitive Culture*, ii. p. 127.

19　Joseph Bingham, *Antiquities of the Christian Church*, i. p. 322.

20　Bingham, p. 323.

21　F. A. Gasquet, *Henry VIII. and the English Monasteries*, p. 463.

22　莫里说:"这是对撒旦名副其实的咒骂。"(Maury, *La Magie*, p. 319.)

23　J. Bingham, *Antiquities of the Christian Church*, i. p. 321. 同时参见 Paul Verdun, *Le Diable dans la vie des saints*, p. 2; *Ency. Brit.* ninth ed. vol. viii. p. 806.

24　"在所谓的第四次迦太基宗教会议(396年)规定了一种任命驱魔师的形式,其实质类似于罗马教宗的任命,并使用至今。"(Addis and Arnold, *Catholic Dictionary*, art. "Exorcism." London, 1903.)一个据说被7个恶魔附身的男人曾被7名牧师在布里斯托尔的神庙教堂里进行驱魔,此事发生在1788年。(Tylor, *Primitive Culture*, ii. p. 128. 同时参见 L.

第三章　疯癫者的治疗

A. Maury, *La Magie*, p. 331.）

25　早在 5 世纪，教皇英诺森一世就禁止驱魔人在没有主教明确许可的情况下行使他们的职责，这一命令现在仍然有效。参见 Louis Duchesne, *Christian Worship*, M. L. Maclure's trans., London, 1904, p. 349.

26　Addis and Arnold, *Cath. Dict.*, p. 444.

27　或者参见教皇利奥八世的祷告："圣米迦勒大天使……以神圣的美德将撒旦和其他邪灵驱赶回地狱，他们在世界各地游荡，寻找失落的灵魂"，参见 P. Verdun, ii. p. 314.

28　D. H. Tuke, *Hist. Insane*, p. 14.

29　F. Beach, *Psychology in John Hunter's Time*, p. 2.

30　L. A. Maury, *La Magie*, p. 329.

31　Cockayne, *Leechdoms*, ii. bk. iii. p. 335.

32　W. A. F. Browne, *What Asylums were, are, and ought to be*, Edinburgh, 1837, p. 101.

33　参见 Tylor, *Primitive Culture*, i. p. 258;R. Routledge, *Hist. Science*, London, 1881, p. 5; Edward Carpenter, *The Art of Creation*, London, 1904, p. 36.

34　当对比《列王传》的第 22 卷，第 20 时十分有趣。John Lubbock (Lord Avebury), *Origin of Civilisation*, London, 1889, p. 32.

35　泰勒提到了一些野蛮人竭尽全力地以这种方式阻止天花的传播。（*Primitive Culture*, ii. p. 115.）

36　例子参见 Abbot Richalmus, *Liber revelationum de insidiis et versutiis daemonum inversus homines.*

37 "……我知道他是恶魔,"路德写道,"但是我没有注意他,然后就睡觉了。"

38 *Primitive Culture*, i. p. 409.

39 E.B. Tylor, *Ency. Brit.* ninth ed. vol. vii. p. 63, etc.

40 Cheyne and Black, *Ency. Bib.*, art. "Satan," by Gray and Massie; F. T. Hall, *The Pedigree of the Devil*, London, 1883; J. Tulloch in *Ency. Brit.* ninth ed. art. "Devil."

41 德尔图良说:"撒旦,是上帝的人。他被认为拥有一条尾巴,可能被切断了,但是可能再长出来了。"

42 A. Reville, *The Devil*, London, 1871, pp. 40, 42.

43 L. W. Cushman, *The Devil and the Vice*, London, 1897.

44 Tylor, *Primitive Culture*, p. 77.

45 P. Verdun, *Le Diable dans la vie des saints*, p. 97.

46 S. Baring Gould, *Lives of the Saints*, v. London, 1897, p. 278.

47 P. Carus, *The History of the Devil*, London, 1900, pp. 255, 256.

48 John Ashton, *The Devil in Britain and America*, London, 1896, p. 87.

49 Carus, *The History of the Devil*, p. 343.

50 R. Burton, *Anatomy of Melancholy*, Pt. i. sec. ii. ed. 1806, p. 57.

51 Maury, *La Magie*, p. 310.

52 例子参见 Abbot Richalmus, *De efficacia salis et aquae*, capud xxvi.

53 在很多野蛮人类中有同样的思想。泰勒博士就曾提到过某个部落:"被恶魔附体的女性舞蹈着,被医生用棍子狠狠地抽打，这被认为是恶魔受到了打击而非病人。"（*Primitive Culture*, ii. p. 124.）

54　D. H. Tuke, *History of the Insane*, p. 21.

55　在许多古代的绘画中，它们被描绘成从嘴巴吹出，是一团云一样的黑色怪兽样子；还有一些其他方式的出口。

56　*The Scarlet Letter*, chap. iv.

57　默里写道，早期的人类："尽管将疯狂归因于虚构的原因，但他们仍然知道这是一种真实的疾病。"（*La Magie*, p. 309.）

58　Andrew Boorde, *Regyment of Health*, Chap. xxxvii. London, 1542.

59　Shakespeare, *Twelfth Night*, Act iii. Sc. 4.

60　W. Besant, *London in the Eighteenth Century*, p. 536.

61　W. E. H. Lecky, *History of England in the Eighteenth Century*, vi. London, 1887, p. 257.

62　Andrew Halliday, *Lunatic Asylums*, London, 1828, p. 10.

63　W. A. F. Browne, *What Asylums were*, p. 105.

64　J. Conolly, *Treatment of the Insane*, p. 7.

65　M. Esquirol, *Mémoire sur la Maison Royale de Charenton*, p. 10.

66　D. H. Tuke, *Hist.*, p. 52.

67　W. Besant, *London in the Time of the Stuarts*, p. 237.

68　J. B. Tuke, art. "Insanity," *Ency. Brit.* ninth ed.

69　1808年宪法出台后，许多精神病院就建立起来，但是之前那些穷困潦倒的病人已经"被挤进我们公共济贫院的潮湿地牢中，或者是被关押在拘留所和管理不善的监狱中"。（A.

Halliday, *Lunatic Asylums*, p. 10.）

70　*Treatment of the Insane*.

71　Oscar Wilde, *Ballad of Reading Gaol*, p. 24.

72　Robert Jones, *An Inquiry into the Nature of Nervous Fevers*, London, 1785.

73　W. Cullen, *First Lines of the Practice of Physic*, iv. Edinburgh, 1789, p. 153.

74　Cullen, p. 171.

75　同上书，第 164 页；米德说，尽管如此，那种坚固的捆绑已经足够了，参见 R. Mead, *Monita et praecepta medica*, p. 67.

76　参见第 149 页的注释，哈斯拉姆医生在规定的时间里鞭打疯癫者，以避免疾病爆发。（Conolly, p.12.）

77　D. H. Tuke, *Hist.*, p. 107.
F. Beach, Psychological Medicine, p.6, etc.; 他同样提到了约翰·韦斯利的疗法。Andrew Wynter, *The Borderland of Insanity*, J. M. Granville's ed., London, 1877, p. 70.

78　"四肢游离的行为被抑制了，但刺激大脑的来源却被忽略了。"（Conolly.）

79　比奇引用的亨特的演说。

80　W. Massie, *A History of England during the Reign of George III.*, iii, London, 1865, p. 207; 同时参见 J. M. D. Meiklejohn, *Hist. Eng.* Pt. ii. p. 330.

81　Massie, *Hist.*, p. 208.

第三章　疯癫者的治疗　263

82　Wynter, *Insanity*, p. 80.

83　J. H. Jesse, *Memoirs of the Life of George III.*, iii. pp. 95 and 274. 后来，他被安排在牧师威利斯医生那里接受更好的照顾。威利斯医生以治疗疯子而闻名；参见 Jesse, iii. p. 90, etc.

84　Hunterian Oration, p. 5.

85　Besant, *London in the Eighteenth Century*, p. 377. 同时参见 Charles Reade, Hard Cash.

86　参见康诺利关于古代私下病人接待的描述。（Conolly, *Treatment of the Insane*, p. 138.）

87　D. H. Tuke, *Hist.*, p. 171.

88　同上。

89　R. Gardner Hill, *Lunacy; its Past and its Present*, London, 1870, p. 7.

90　R. Gardner Hill, p. 6.

91　关于希金斯的证据，参见 J. B. Sharpe, *Report and Minutes of Evidence on the Madhouses of England*, London, 1815, p. 12; p.13; 关于福勒的证据，参见 J. B. Sharpe, *Report and Minutes of Evidence on the Madhouses of England*, p. 308; 关于阿拉巴斯特的证据，参见 J. B. Sharpe, *Report and Minutes of Evidence on the Madhouses of England*, p. 326.

92　*Edinburgh Review*, xxviii, Edinburgh, 1817, p. 445.

93　Jonathan Gray, *History of York Asylum*, York, 1815, p. 12.

94　关于康诺利惊人的斥责，参见 Conolly, *Treatment of the Insane*.

95 看守首领曾使一名女病人怀孕；他随后就被关进一家私营的精神病院；参见 J.B.Sharpe, *Report and Min. of Ev.*, p. 14.

96 Gray, chap. iv.; ibid. p. 26; Beach, p. 4.

97 S. W. Nicoll, *An Enquiry into the Present State and Visitation of Asylums*, London, 1828, p. 10, etc.

98 Sharpe, p. 12; Gray, p. 23.

99 Sharpe, *Report and Min. of Ev.*, pp. 277, 290, 297.

100 同上书，第 46 页。

101 参见贝斯纳尔绿地精神病院的例子。(Beach, p. 12.)

102 至迟到 1837 年都是如此。(Tuke, *Hist.*, p. 81.)

103 同上书，第 46 页。

104 同上书，第 85 页。

105 同上书，第 48 页。

106 关于贝森给出的这个病人在他牢房中情形的照片，参见 Besant, *London in the Eighteenth Century*.

107 *Treatment of the Insane*, p. 28.

108 Sharpe, *Report and Min. of Ev.*, p. 120.

109 Sharpe, *Report and Min. of Ev.*, p. 59.

110 Tuke, *Hist.*, p. 153.

111 Sharpe, *Report and Min. of Ev.*, p. 68.

112 关于这些事件的解释，尤其是后期在葡萄牙的继续发展，参见 G. A. Tucker, *Lunacy in Many Lands*, Sydney, 1887, pp. 16, 1346, etc.

113　John Haslam, *Observations on Madness*, London, 1809, p. 317.

114　其中有一幅作品《浪子回头》中的"疯人院的场景"的复制品，参见 Besant, *London in the Eighteenth Century*, p. 377.

115　R. Gardner Hill, *A Concise History of the Non-Restraint System*, London, 1857, p. 139.

116　W. A. F. Browne, p. 119.

117　据说一所大型的疯人院每年通过展示精神病者能够赚到400英镑，但是这其中可能并不包括看守者的小费；参见 Tuke, *Hist.*, p. 73.

118　Conolly, p. 33; 同时参见 P. Pinel, *Traité Médico-philosophique sur l'Aliénation Mentale*, Paris, An IX, p. 65.; 参见 J. B. Tuke, *Ency. Brit.*, ninth ed. vol. xiii. p. 111。

119　参见 E. Westermarck, *Moral Ideas*, i, p. 274。

120　H. W. Carter, *Principal Hospitals*, London, 1819, p. 42.

121　P. Pinel, *Traité*, p. 64.

122　A. Halliday, *Lunatic Asylums*, p. 76.

123　M. Esquirol, *Mémoires de Charenton*, pp. 46, 48.

124　F. Beach, p. 11; J. Conolly, p. 10; R. Gardner Hill, *Concise Hist.*, p. 141.

125　他于1797年逝世，在威斯敏斯特教堂为他建立了一块纪念碑。*Dict. Nat. Biog.*; Jonathan Gray, *History of York Asylum*, p. 18.

126　Rev. William Mason, *Animadversions on the Present Government of York Asylum*, York, 1788. 这一著作主要批判了这

所医院的经济问题。同时参见 *Edinburgh Review*, vol. xxviii. p. 433. 这促发了读者的来信，参见 *A Letter from a Subscriber to the York Lunatic Asylum*, York, 1788, etc.

127　Samuel Tuke, *Description of the Retreat*, York, 1813, p. 22.

128　参见 *Description of the Retreat near York*, 上文已经提及这本著作。

129　*York Herald*, September 23, 1813. 信上签的只是"守护者"，实则是约克精神病院的院长贝斯特医生所写。参见 J. Gray, *Hist.*, p. 28; 同时参见 D. H. Tuke, Hist., pp. 129, 148.

130　*Edinburgh Review*, vol. xxviii, Edinburgh, 1817, p. 433.

131　S. W. Nicoll, *An Enquiry*, p. 11; 参见 Jonathan Gray, Hist., p. 31.

132　D. H. Tuke, Hist., p. 79.

133　J. Gray, Hist., Chap. vi.

134　D. H. Tuke, p. 161.

135　D. H. Tuke, p. 157.

136　S. W. Nicoll, p. 21.

137　D. H. Tuke, *Hist.*, p.162.

138　同上书，第 173 页。

139　J. B. Tuke, *Ency. Brit.*, ninth ed.; D. H. Tuke, *Hist.*, p. 85; R. Gardner Hill, *Lunacy*, p. 5.

140　案例参见 Hunterian Oration, 1891, etc.

141　R. Gardner Hill, *Lunacy*, p. 42.

142　Andrew Wynter, p. 100.

143　Hill, pp. 87, 88.

144　Halliday, *Lunatic Asylums*, p. 2.

145　F. Willis, *A Treatise on Mental Derangement*, London, 1823, p. 6.

146　*Lunatic Asylums*, p. 2.

147　W. A. F. Browne, p. 4.

148　*Borderland of Insanity*, p. 11.

149　Alexander Gibson, in *Ency. Brit.*. ninth ed. art. "Insanity (Law)."

150　"那个（盗窃癖）是一种我曾经被送去治愈的一种疾病"，据说一名法官曾注意到这样的事；但是他并没有得到治愈。

151　其中一项法律测试是对乘法表知识的测试。参见W. A. F. Browne, p. 3.

152　狄更斯就表现出了这种"坚定"的态度。"那个年轻的皮特发烧了。"斯奎尔斯喊道："不！""那该死的男孩儿，他总是做这种事。"斯奎尔斯夫人说道："我相信，从来没有这样的男孩，无论他拥有什么，也总能吸引人。我将其称之为顽疾，没有什么能让我相信它不是顽疾。我的确将其打出了他的身体。"（Nicholas Nickleby, chap. vii.）

153　D. H. Tuke, *Hist.*, p. 96.

154　W. Tallack, *Penological and Preventive Principles*, London, 1896, pp. 249, 250.

155　*Departmental Committee on Prisons Report*, London, 1895, p. 8.

2023年度
"百道新知类品牌影响力TOP10"

尔文是四川人民出版社旗下出版品牌，立足经典与新知、趣物与博思、科学与智识，聚焦博物学史、科学技术史、物质文明史、社会史、环境史、民俗史、神话史、艺术史等领域，秉承传播科学与知识、诠释物质与文明、感知艺术与生活、关照自然与心灵、探索过去与未来的出版旨趣，致力为读者提供有深度、有温度、有态度的文化产品。

欢迎关注尔文官方账号

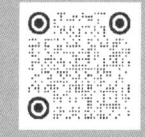

豆瓣　　小红书

图书在版编目（CIP）数据

中世纪的刑罚 /（美）乔治·伯纳姆·艾夫斯著；王潇译. -- 成都：四川人民出版社，2025.6. -- ISBN 978-7-220-12806-6

Ⅰ．D950.4

中国国家版本馆 CIP 数据核字第 20250KH332 号

ZHONGSHIJIE DE XINGFA
中世纪的刑罚

（美）乔治·伯纳姆·艾夫斯 著　王潇 译

出 版 人	黄立新
策划组稿	赵　静
责任编辑	赵　静
责任校对	魏南西
封面设计	张　科
版式设计	张迪茗
责任印制	周　奇
出版发行	四川人民出版社（成都市三色路238号）
网　　址	http://www.scpph.com
E-mail	scrmcbs@sina.com
新浪微博	@四川人民出版社
微信公众号	四川人民出版社
发行部业务电话	（028）86361653　86361656
防盗版举报电话	（028）86361653
排　　版	四川看熊猫杂志有限公司
印　　刷	成都市东辰印艺科技有限公司
成品尺寸	125 mm × 185 mm
印　　张	9.25
字　　数	150千
版　　次	2025年6月第1版
印　　次	2025年6月第1次印刷
书　　号	ISBN 978-7-220-12806-6
定　　价	78.00元

■版权所有·翻印必究

本书若出现印装质量问题，请与我社发行部联系调换

电话：（028）86361656